大展好書　好書大展
品嘗好書　冠群可期

大展好書　好書大展
品嘗好書　冠群可期

老拳譜新編 2

太極拳全書

于化行 著

大展出版社有限公司

陽少陽會於大杼第一椎下兩旁去脊中一寸五分臨中內
振腰中入循脊絡腎○難經曰督脈任脈四尺五寸共合九
王啟玄曰腦戶乃督脈足太陽之會故也
脈督脈也名曰氣衝中一寸五分臨中兩旁
為經曰督者都也為陽脈之都綱任起眼中乃為
太陽之會故也
二脈一源古曰督者都也為陽脈之都綱任
猶天地海藏曰陰蹻陽蹻同起眼中
見浮沉之下乃水溝而相按
於身之前一行於身之後人身之有任
後人身之有
陽之不離合
曰任督
佰陽分可以合分之以見陰陽之不離合
火交媾之鄉故
居此二而一者也
井降之道坎水離火交媾之鄉故
開則摶無無者以奉上上有神
鏡玄上鵑玄
惟希乾天无人奉鏡玄

策劃人語

本叢書重新編排的目的，旨在供各界武術愛好者鑑賞、研習和參考，以達弘揚國術，保存國粹，俾後學者不失眞傳而已。

原書大多為中華民國時期的刊本，作者皆為各武術學派的嫡系傳人。他們遵從前人苦心孤詣遺留之術，恐久而湮沒，故集數十年習武之心得，公之於世。叢書內容豐富，樹義精當，文字淺顯，解釋詳明，並且附有動作圖片，實乃學習者空前之佳本。

原書有一些塗抹之處，並不完全正確，恐為收藏者之筆墨。因為著墨甚深，不易恢復原狀，並且尚有部分參考價值，故暫存其舊。另有個別字，疑為錯誤，因存其眞，未敢遽改。我們只對有些顯著的錯誤之處，做了一些修改的工作；對缺少目錄和編排不當的部分原版本，我們根據內容進行了加工、調整，使其更具合理性和可讀性。有個別原始版本，由於出版時間較早，保存時間長，存在殘頁和短頁的現象，雖經多方努力，仍沒有辦法補全，所幸者，就全書的整體而言，其收藏、參考、學習價值並沒有受到太大的影響。希望有收藏完整者鼎力補全，以裨益當世和後學，使我中華優秀傳統文化承傳不息。

為了更加方便廣大武術愛好者對古拳譜叢書的研究和閱讀，我們對叢書作了一些改進，並根據現代人的閱讀習慣，嘗試著做了斷句，以便於閱讀。

由於我們水平有限，失誤和疏漏之處在所難免，敬請讀者予以諒解。

武當真傳太極拳全書目次

總理遺像……九
總理遺囑……一〇
李景林先生遺像……一二
楊建侯先生遺像……一三
楊澄甫先生肖像……一四
于化行肖像……一五
王子章肖像……一六
李景林序……一七

韓主席復榘序……一九
張秘書長紹堂序……二一
李科長宗唐序……二三
劉參謀長書香題詞……二五
趙允協序……二七
自序……二九
自序練法……三一
自序總綱無極學……三二
編者例言……三三
張三丰先生……三五
太極拳源流……三七
太極拳十要……四一
太極拳之意義……四六

太極拳論……四八
十三勢歌……五八
十三勢行功心解……五九
打手歌……六八
太極與老說合解……七〇
太極拳之真義……七二
八字歌……七二
心會論……七三
周身大用論……七三
十六關論……七四
功用歌……七四
用功五誌……七五
太極拳各勢註解……七六

太極拳各勢……一一四
太極拳勢圖解……一一六
推手法……二七九

總理遺像

總理遺囑

余致力國民革命凡四十年其目的在求中國之自由平等積四十年之經驗深知欲達到此目的必須喚起民眾及聯合世界上以平等待我之民族共同奮鬥

現在革命尚未成功凡我同志務須依照余所著建國方略建國大綱三民主義及第一次全國代表大會宣言繼續努力以求貫澈（徹）最近主張開國民會議及廢除不平等條約尤須於最短期間促其實現是所至囑

韓主席復榘肖像

李景林先生遺像

楊建侯先生遺像

楊澄甫先生肖像

于化行肖像

王子章肖像

序

太極拳一書，當世著述者頗多，有故神其說者；亦有各執己見者，甚至分門別類，意見分歧。余覩此情狀時以為憾，故屢年以來以提倡國術為吾分內之專責，而山東省國術館之設亦藉此原因也。余門人于化行對於太極一道研究有年，並能深窺其奧旨，故今有《太極拳講義》之著作。我一生研究之心得，多賴此子之宣傳。經余審核校正，知彼用意周詳，嘉惠後學之深心為無窮也。其書中注解詳明，余深以為快。人若手此一編，逐日研求，則獲益匪淺，誠國術界之指南針也，關於太極之眞義已發揮無餘，而我國術前途又現一片光輝。余舞劍之餘是為序。

廣川李景林

序

世之言體育者，莫不與德育智育並重，吾謂體育固重於德智也，何以言之，人之懿德本乎心，良知根於性，修而致之，可造其極，至於體力，由弱而壯，壯而老，老而衰，壯之時不及三十年，而終身壯者，百人不得其十，苟非堅固不拔之軀，德與智將無所附麗，則體育尚矣，吾國拳術，即體育也，自唐迄明，代有傳人，武當少林，派分內外，遺民隱士，介乎其間，而緇黃者流，尤造絕詣，遞相師承，間有不傳之秘，乃一二人務為畸行，趨於任俠，雲幻波譎，輒侈美談，世人之轉疑為鬼怪神奇，不可測度，視拳術為不易深入之域，降而及於鬻技生活，或好勇鬥很（狠），拳術之名寢衰，其義漸失，良足惜也，民國肇興，恢復國術，拾墜緒而昌明之，駸駸然日盛，稽其有益於身心，而剛強無害者，厥惟太極拳，是拳也，本太極無為而生，順人身自然之性，抉陰陽之奧，協動靜之機，內而丹田，外而肢體，炁充力貫，神會心通，巨重千鈞，纖輕一羽，如百鍊鋼質，為繞指之柔，無戕賊杞柳，為桮棬之害，老子之言曰：天下之至柔，馳騁天下之至剛，孟子謂浩然之氣，塞於天地之間，太極拳之精髓，純乎如是，以之為唯一之體育也固宜。余於國術，夙所崇尚，而國術教官于君鵬九，精太極三十七勢，能圖其姿式，道其義意，所編太極拳一書，深切著明，余心滋愜，爰集公務人員，從事演習，果能神而明之，施於四體，不信而喻，則返虛入渾，積健為雄，必收鉅效，然後推已以及人，由近以及遠，使人人鍛鍊氣體，固結精神，體育既普，而德與智且俱進於無窮，民族日強，國基益固，不將於斯術覘之哉，是為序。

韓復榘

序

孔子繫易，謂太極生兩儀。太極者，天地絪縕之先，炁（氣）之元始也。人稟天地之中以生，外而五官百骸，內而臟腑，莫非炁之流通宣化而成。返本而求原，元炁彌綸者，太極也，其老子所謂天地之始者乎？故道家之拳名曰太極，發源於張三丰，流傳至於今。是拳也，本自然之性，清甯無為以為體，輕靈柔曲以為用，而其炁乃充塞乎五官百骸臟腑之間；不制人而能不為人所制；靜則虛若無物，動則足以郤強敵，孟賁失其勇，烏獲失其力，一觸而顛躓，比比也。此其正炁合於天地之始搏力技擊云乎哉！吾國近年中注重國術，於太極拳尤所崇尚。今于君鵬九著《武當眞傳太極拳全書》將付梓，索序於余。余受而讀之，意義精湛，指導詳確，圖說之深切著明，集眾說而拔其萃，有道德自然之妙，順勢利導之功，其裨益於學者深矣。將見此書一出，人手一編，融會貫通，純修精進，浩然之炁，眞體內充，一旦水到渠成，必有不期然而然者，民族日強國本愈固，於是乎基不禁於斯編三致意焉！乃樂而為之序。

中華民國二十三年　八　月　日

張紹堂

序

拳勇之術，由來久矣，武當少林，向分兩派，武當為內家，少林為外家，兩派各有獨到之處。而以柔制剛，由內及外，則尤以武當為最著，老子曰：「天下之至柔，馳騁天下之至堅。」又曰：「善為士者不武，善戰者不怒，善勝敵者不爭。」得其道者，其惟武當之太極拳乎？蓋是拳也，以柔為主，以意導氣，本太極無為而出，隨人身自然之性，流行不息，極其緩和，四體百骸，一氣貫注，此眞有百益而無一害者也。

于鵬九先生，精於拳術，以所著《武當眞傳太極拳全書》見示，宗唐受而讀之，講論詳明，易於了解，圖式說明，尤為精細。吾意此書一出，人手一編，從事練習，小之有益一己之身心，大之可挽國家之危弱，民族復興，此其基矣。爰綴數語以志欣慕。

中華民國二十三年八月招遠李宗唐謹序於濟南省廨退一步想齋

振我國魂

劉書香

序

昌邑于鵬九先生精武術，講內功，殆武當正傳。曩歲遊濟上，此邦人士肄斯術者多師之。先生因著專書，詳明其體式與義例，以廣其傳。書成，屬序於予。自維於此道茫，未詳其涯略，愧難為言，敢就不賢識小之義弁其首。中國自古右文，於技勇之學少傳書，三代無論矣，嬴秦以後，國家搜輯焚餘，然《漢書藝文志》、《隋書·經籍志》下至有唐以迄近代史例，關武術之書均未有存目。蓋精斯術者多口授，不能筆而述之，而歷世又不之尚耳。夫干羽之舞見於《尚書》，而大武蹈揚，韓軍技擊，御不失馳，射必括度，雖文武殊致，步伐不傳，其手舞足蹈要必有一定方式，以固氣而完神，然後盪決周折，乃各妙其用，書闕有間，後進士大夫難言之，烏從傳其術焉！然古今殊宜，世界變化，今天

下列強競爭，已演成蓄而必發之勢，無可諱言也。不強民何以禦侮，不運巧何以致勝。東瀛早有武士道大力士之比絜，而歐美體育運動之提倡，中國學者亦歷年會賽，以張吾民族之氣而奮發其精神，究之淬礪之力，往往剝氣而戕（戕）體。識者類能知之且言之，舍舊新是謀，孰若先生武當之術，內外兼修，體用各備，有裨於民族之體育，而成衆志之城耶。按武術大別為武當少林二派。武當創於宋之異人張三丰，其學以內功為根基，多取之易理，參之釋典，以腓其運用，故其術較少林派為上。惟精此術者率形役口授，且或鑒逢蒙盡益道之戒，師於弟輒秘其一著，而未盡所藏生不筆於書，沒則失其傳，積久而術之精妙遂愈佚而愈尠（鮮）。先生有教無吝，一一筆述，以公同志，蓋不惟術智過人，其德慧亦光明擴大，非江湖遊俠者流之品彙匹儔矣！因述所識為序以歸之。河北趙允協序

民國二十三年十一月　日

自序

自古有天地，然後有人民，然後有庶事，而後萬民樂業，此自然之趨勢也。然所以富強之道，在乎黎庶之振作，振作之主義在精神，若無精神則弱矣。人民弱，國何強？欲圖國強，須使人民勿論何界以武術運動不可缺之一科，如此則精神振矣，國奚不強。前此，文武分歧，文人鄙棄武術，武人不通文理，此其中似有畛域之分焉。今國家振興，庶務百度維新，無論仕農工商，應概全體增加武術太極拳一門，俾諸生文武兼進，可謂法良意美已。余幼而失學，即喜習武事，並非圖猛力過人之勇，止求有益衛生健康體格；不以氣粗力猛為勇，乃以不粗不猛剛柔之濟而為勇也。人有言曰：武學與文學一理，一理即同，則何分輕重？然文學之士所以不講武術者，實因有粗猛不雅之弊耳。余於太極拳一門，稍窺門徑，內含無窮之奧妙，起點諸法探原論之，被太極八卦二門最良，及內家外家兩派，雖謂同出一源可也。後世漸分門類，演成各派，實之亦勢使之然耳。余習藝二十餘年，不揣固陋，因本聞之吾師所口授，暨所得舊譜加以詮釋，蓋亦述而不作之意也。拳譜並非原本，係後人錄抄，所論亦不甚詳，惜無解釋之詞，祇篇首有跋數行。余一時頓開茅塞，立願續述完備，明知學術譾陋，無所發明，竊仿此譜深心研究，再照此拳各式，一一著載成書，實無文法可觀，於吾所學不敢稍有背（悖）謬，至其間有未至者，尚望諸同志隨時指正為感。

中華民國二十三年八月　日

山左昌邑于化行謹序

自序練法

太極者，屬土也，在人五臟屬脾。太極內含者，有陰陽八卦之術也。人為萬物之靈，能感通諸事之應，是以心在內而理周乎物，物在外而理見於心。藝者心之所發也，是故心藝誠於中，而萬物形於外，內外總是一氣之流行也。

起點身法由靜而動，不可前栽，不可後仰，不可左右歪斜；要和而不流，中立而不倚，兩足平行，惟左足根（跟）虛，兩肩鬆開下垂勁，頭要往上頂勁直豎，腰往下塌勁，兩腿徐徐曲（壓）下，兩腿曲（壓）要圓滿，不可有死彎。身子仍不可有一毫之歪斜，心中不可有一毫之努氣。起點之時，心如人同在平地，有立竿之形，心氣自然平穩沉靜，亦無偏倚，謂之心與意合，意與氣合，氣與力合，合此之謂內三合也。始有一毫之差而終有千里之謬也。故求學者宜深索焉。

中華民國二十三年八月　日　山左昌邑于化行序

自序總綱無極學

無極者，當人未練之先，無思無想，無形無影，無他無我，胸中混混沌沌，一氣渾淪，無所向意者也。世人不知有逆運之理，但斤斤於天地自然順行之道，氣拘物蔽，昏昧不明，以致體質虛弱，陽極必陰，陰極必死，於此攝生之術概乎未有諳也。惟聖人獨能參透逆運之術，攬陰陽，奪造化，轉乾坤，扭氣機，於後天中返先天，復出歸元，保合太合，總不外乎後天五行之術八卦拳之理，一氣伸縮之道，所謂無極而能生太極者也。

中華民國二十三年八月　日　山左昌邑于化行序

編者例言

一、本書以發揚國術，鍛鍊體魄，修養心身，強壯精神，征服病魔為要旨；並期望達到強種救國且能自衛之目的。凡書內一切圖解，姿勢，動作，其為學者便於練習起見竭力求其顯著，使學者了解。

一、本書注重生理衛生學，與自衛奮鬥之精神。以鍛鍊技術立其體，闡明科學致其用。故運用諸法，均合生理之運動。

一、本書中之經解，皆王宗岳先生之遺註，又經太極專家李公景林，審查校正：惟恐理深意奧，不易了解，故再重加贅述，使學者易於領悟。

一、本書中所云，各式之解說用法，謹擇其一端，略加說明，使初學者易於參悟，而太極拳之廣義，非止於此。若以狹義擊技而視之，未免有負此太極拳之眞意。

一、此拳無男女老幼之別，無短衣擇地之戒，習之既久，自可強身健胸，塡精補髓，有百益而無一害。有健全之身體，才有健全之精神，人生之有為，端賴此身之培植，凡我同胞，豈可勿視？若以此拳為強身必需之營養料，練習久之，而達隨心所欲之境時，則別趣叢生，誠無上之補品。

一、本書編者學淺識陋，囿於見聞，此拳之深奧與神妙，理難窮盡，惟恐記一而漏萬；又因倉卒付印，而疏忽錯訛處在所難免，深望海內賢達之士，不吝賜教，則不吝馨香祝禱，而跂望之。

張三丰先生傳

先生遼東懿州人也。姓張，名君實，字元元。號三丰子，又號昆陽。或云姓張，名玉，字君寶，號元元子。宋末時人，生有異質，龜形鶴骨，大耳圓目，身長七尺餘，修髯如戟，頂作一髻，常戴偃月冠，一笠一衲，寒暑御之。不飾邊幅，人皆以為張邋遢；所啖升斗輒盡，或避穀數月自若，隨即謂張眞人之稱。延祐間，年六十七，入嵩南，遇呂純陽鄭六龍，得金丹之旨。或云入終南，得火龍眞人之傳，秦淮漁戶沈萬山，好善樂施，眞人傳其點石成金之術。元末，居寶雞金台觀，至正丙午九月二十日，自言辭世，留頌而逝。士民楊軌山，置棺殮訖，臨窆復生，時年百三十歲矣。入蜀至太和山，結茅於玉虛庵，庵前古木五株，嘗棲其下，猛獸不傷，鷙鳥不搏，衆皆驚異。有人問仙術，絕不答；

問經書，則論說不倦。常語武當鄉人曰：此山當大顯。明永樂年間，敕修武當，眞人隱於傭工，人皆不識。孫眞人碧雲為武山（當）住持，與張眞人來往，多受其教。永樂帝聞之，遣使屢召不赴，以詩詞托碧雲奏之，後以道授道士丘元靖，不知所終。世傳太極拳術，乃張眞人所傳也。

太極拳源流

夫太極拳者，乃至柔之道也。老子曰：「天下之至柔，馳騁天下之至堅。」孟子曰：「浩然之氣吾善養也。」其氣盎盎然於背，於是乎充溢於四肢百骸之至微處，而太極拳亦純練氣之道也。孟之道，本於孔，孔曾問道於老聃，太極拳之萌芽時期足徵源於老子。延至唐時有許宣平，及李道子。考許氏係江南徽州府歙縣人，隱城陽山，結簷南陽辟穀，身長七尺六，髯長至臍，髮長至足，行急奔馬，每負薪賣於市。所練太極拳之功，太極拳三十七式。而李氏，亦產於長江流域，祖籍安慶與許氏同時人也，或云：李壽命最長，與宋代時建陽人太常博士游酢交善，至明代嘗居武當山南岩宮，不火食，此恐神奇之談，而史冊實無所載，而以為唐時人則然也。由許李繼續相傳，至宋代武當丹士張三丰徽宗召之，道梗不得進，夜夢元帝授之拳法，厥明，以單丁獨身殺賊百餘人，張三丰之術，百年後流傳於陝西，元始祖時，西安人王宗名得其傳，名著海內。有溫州（即今浙江永嘉縣舊治也）陳州同者；從學宗名，至此太極拳則傳入溫州。至明嘉靖時傳於張松溪，當時以張松溪為最著。張松溪今浙江省鄞縣人，松溪為人，性質恂恂如儒者，遇人則恭切謹。有人求其術輒遜謝而避之去之。有少林僧數輩，以拳男名海內，聞松溪名，至鄞縣訪之，松溪則避匿不出，後偶遇於酒樓，一僧跳躍來蹴，松溪稍側身，舉手送之，僧如飛丸隕空，墜重樓下，幾死，眾僧始服而駭散。松溪傳於其徒，四明、葉繼美，而繼美則獨優，繼美字近泉，近泉傳於吳崑山、周雲泉、單思南、陳貞石、孫繼槎等。吳崑山傳李天目、徐岱岳。李天目傳余波仲、吳七郎、陳茂宏。周雲泉傳盧紹岐。陳貞石傳董扶輿、夏枝溪。孫繼槎傳柴元明、姚石門、僧耳、僧尾。單思南傳王來咸，字征南。征南搏人，每點其穴。有死穴、暈穴、啞穴三種之別。其術要訣，為敬、緊、經、切、勤五字。明亡，終身菜食，以明此志，識者哀之惋惜。至清傳至山右（即今山西）王宗岳。得其真傳名聞海內，著有《太極拳論》數傳至河南蔣發，蔣發傳河南懷慶府陳家溝子陳長興。長興立身，常中正不倚，形若木雞，常時因此稱之謂牌位先生。長興授徒數十人，有廣平（即今河北省雞澤縣）①楊先生露禪，名福魁，傾貲從學，居數載，與同門諸人較，輒負，偶夜起，聞隔垣有呼聲，遂越垣，見廣廈數間，即破窗隙窺之，其師正指示提放之術，大驚，於是每夜必竊往，久之，盡得其奧妙，隱而弗言。長興以露禪誠實敦篤，一日召授其意，師所言者無不領會，長興異之，謂諸徒曰：傾心授爾，爾不能得，楊生殆天授，非汝等所能及也。厥後，與同門角，無不跌出丈餘，曰吾以報復也。技成乃歸。長興傳楊露禪，李白魁，陳耕芸等諸人，惟露禪最精。露禪傳其子鎮、鈺、鑑，及王蘭亭諸人。長子錤早死無傳，次子鈺字班侯，傳萬春，全佑，侯得山，陳秀峰等；三子鑑，字健侯，傳其子兆熊、兆清、兆元、兆林、兆祥②及徒劉勝魁、張義等。兆熊字少侯，傳田肇麟，尤志學等。兆清字澄甫，傳武滙川、牛春明、閻仲雁等，肇麟等亦從學。許禹生亦從少侯，甫研澄究。陳微明，徐苕雪，陳農先，從澄甫先生學，是編乃澄甫先生口授，陳微明執筆述焉，全佑傳其子艾紳，夏貴勳、王茂齊等。近時南北習太極拳者，多由楊氏遞相傳授者。所不知者，尚多遺漏，不及備載。

編者按：

①應是永年縣。

②兆林是楊錤之子。無兆祥之人，可能是夢祥之誤。夢祥是兆熊的字。

太極拳十要

一、虛靈頂勁

頂勁者，頭容正直，神貫於頂也。不可用力，用力則項強，氣血不能流通，須有虛靈自然之意。非有虛靈頂勁，則精神不能提起也。

二、含胸拔背

涵胸者，胸略內涵，使氣沉於丹田也，胸忌挺出，挺出則氣擁胸際，上重下輕，腳跟易於浮起。拔背者，氣貼於背也。能含胸，則自能拔背，能拔背，則能力由脊發，所向無敵也。

三、鬆腰

腰為一身之主宰。能鬆腰，然後兩足有力，下盤穩固，虛實變化，皆由腰轉動，故曰命意源頭在腰隙，有不得力，必於腰腿求之也。

四、分虛實

太極拳術，以分虛實為第一義。如全身皆坐在右腿，則右腿為實，左腿為虛，全身坐於左腿，則左腿為實，右腿為虛。虛實能分，而後轉動轉靈，毫不費力。如不能分，則邁步重滯，自立不穩，而易為人所牽動。

五、沉肩墜肘

沉肩者，肩鬆開下垂也。若不能鬆垂，兩肩端起，則氣亦隨之而

上，全身皆不得力矣。墜肘者，肘往下鬆墜之意。肘若懸起，則肩不能沉，放人不遠，近於外家之斷勁矣。

六、用意不用力

太極論云：此拳是用意不用力。練太極拳，全身鬆開，不使有分毫之掘勁，以留滯於筋骨血脈之間，以自縛束。然後能輕靈變化，圓轉自如。或疑不用力，何以能長力？蓋人身之有經絡，如地之有溝洫，溝洫不塞而水行，經絡不閉而氣通。如渾身殭（僵）勁，充滿經絡，氣血停滯，轉動不靈，牽一髮而全身動矣。若不用力而用意，意之所至，氣即至焉。如是氣血流注，日日貫輸，周流全身，無時停滯，久久練習，則得真正內勁，即太極拳論中所云：極柔軟，然後能極堅剛也。太極功夫純熟之人，臂膊如綿裹鐵，分量極沉。練外家拳者，用力則顯有力，不用力時，則甚輕浮，可見其力，乃外勁浮面之勁也。外家之力，最易引動，故不尚也。

七、上下相隨

上下相隨者，即太極論中所云：其根在腳，發於腰，主宰於腰，形於手指，由腳而腿而腰，總須完整一氣也。手動腰動足動，眼神亦隨之動，如是方謂之上下相隨。有一不動，即散亂矣。

八、內外相合

太極所練在神，故云神為主帥，身為驅使，精神能提得起，自然舉動輕靈。架子不外虛實開合。所謂開者，不但手足開，心意亦與之俱開。所謂合者，不但手足合，心意亦與之俱合。能內外合為一氣，則渾然無間矣。

九、相連不斷

外家拳術，其勁乃後天之拙勁，故有起有止，有續有斷；舊力已盡，新力未生，此時最易為人所乘。太極用意不用力，自始至終，綿綿不斷，周而復始，循環無窮，原論所謂如長江大河，滔滔不絕；又曰：運勁如抽絲，皆言其貫串一氣也。

十、動中求靜

外家拳術，以跳躑為能，用盡氣力，故練習之後，無不喘氣者。太極以靜御動，雖動猶靜，故練架子，愈慢愈好，慢則呼吸深長，氣沉丹田，自無血脈澎漲之弊。學者細心體會，庶可得其意焉。

太極拳之意義

凡萬物之生，負陰抱陽。有此陰陽之別，上而推之，由無而生有。無者為無極是也，有者即太極是也。無極生太極，太極生兩儀，故太極為陰陽之母。太極即一氣，一氣亦即太極，以體言之則為太極，以用言之則為一氣；時陰時陽，活潑無拘，其氣衍溢於四體之中，浸潤於百骸之內，處處皆有，無時不然；內外一氣，流動不息；開合自然，中無停滯，故太極無法，則動即是法，此即太極是也。以法而言之，易中所謂陰陽，動靜之理；而運動作勢，純任自然，所謂無中生有者即所謂無極而生太極是也。至其運用非常圓活，如環無端，不知所止；則又太極本無極也。凡每勢勢之中，動作之時，均含一圜形，其動而為陽，靜而為陰，及剛柔進退等，均與易理相吻合；故得假借太極易學之理，以說明

之。此拳之名稱，所以因此而得來；而以陰陽動靜等喻其作用，非強為附會也。

吾國昔日學說，往往凡物均以陰陽譬喻之。陰陽無定位，太極拳之譬喻陰陽亦如是。如拳勢所云：動即陽，靜即陰；出手為陽，收手為陰；進步為陽，退步為陰；剛為陽，柔為陰；黏為陽，走為陰；伸為陽，屈為陰；分為陽，合為陰；仰為陽，俯為陰；升為陽，降為陰；實為陽，虛為陰；無論如何變化，均不離陰陽動靜，圜形虛實之規範。

此皆譬喻之說而解，非社會上卜筮迷信所言之太極，切不可作玄虛之談。近代社會科學倡明之日，百端進化之時，尤望學者若能以科學等方法說明解釋之，而不沾於易象，則敝人所企望焉。

太極拳論

一舉一動，周身俱要輕靈。

不用後天之拙力，則周身自然輕靈。

尤須貫串。

貫串者，綿綿繼續不斷之謂也。如不貫串則斷，斷則敵人乘虛而入。

氣宜鼓盪，神宜內斂。

氣鼓盪則無間，神內斂則不亂。

無使有凸凹處無使有斷續時，無使有缺陷處。

有凹處，有凸處，有斷時，有續時，此皆未能圓滿也。凹凸之處，易為人所制；斷續之時，易為人所乘，此皆致敗之由也。

其根在腳，發於腿，主宰於腰，形於手指，由腳而腿而腰，總須完

整一氣，向前退後，乃得機得勢。

莊子曰：至人之息以踵。太極拳術，呼吸深長，上可至頂，下可至踵，故變動其根在腳，由腳而上至腿，由腿而上至腰，由腰而上至手指，完整一氣，故太極以手指放入，而能跌出者，並非僅手指之力，其力乃發於足跟，而人不知也。上手下足中腰，無處不相應，自然能得機得勢。

有不得機得勢處，身便散亂，其弊病必於腰腿求之。

不得機，不得勢，必是手動而腰腿不動。腰腿不動，手愈有力，而身愈散亂，故有不得力處必留心注意動腰腿也。

上下前後左右皆然，凡此皆是意，不在外面，有前即有後，有上即有下，有左即有右。

欲上欲下，欲前欲後，欲左欲右，皆須動腰腿，然後能如意。雖動腰腿，而內中有知己知彼，隨機應變之意在。若無意，雖動腰腿，亦亂動而已。

如意要向上，即寓下意，若將物掀起而加以挫之之力，斯其根自斷，乃壞之速而無疑。

此言與人交手時之隨機應變，反覆無端，令人不測，使彼顧此不能顧彼，自然散亂；散亂則吾可以發勁矣。

虛實宜分清楚，一處自有一處虛實，處處總此一虛實，周身節節貫串，無令絲毫間斷耳。

練架子要分清楚了虛實；與人交手，亦須分清虛實。此虛實雖要分清，然全視來者之意而定。彼實我虛，彼虛我實；實者忽變而為虛，虛者忽變而為實；彼不知我，我能知彼，則無不勝矣。周身節節貫串，節節二字，以言其能虛空粉碎；能虛空粉碎，則處處不相牽連，故彼不能使我牽動，而我穩如泰山矣。雖虛空粉碎，不相牽連，而運用之時，又能節節貫串，非不相顧，如常山之蛇，擊首則尾應，擊尾則首應，擊其背則首尾俱應，夫然後可謂之輕靈矣。譬如以千斤之鐵棍，非不重也，然有巨力者，可持之而起；以百斤之鐵鍊，雖有巨力者，不能持之而起，以其分為若干節也，雖分為若干節，而仍是貫串，練太極拳，亦猶此意耳。

長拳者，如長江大海，滔滔不絕也。

太極拳亦名長拳。楊氏所傳有太極拳，更有長拳，名目稍異，其意相同。

十三勢者，掤、攦、擠、按，採，挒，肘，靠，此八卦也；進步退步右顧左盼中定，此五行也。掤挒擠按，即坎離震兌四正方也；採挒肘靠，即乾坤艮巽四斜角也；進退顧盼定，即金木水火土也。

太極拳，各式，及掤攦擠按詳述於後。

原書注云：係武當山張三丰先生所著，欲天下豪傑，延年益壽，不徒作技藝之末也。

太極者，太極拳經無極而生，動靜之機，陰陽之母也。

陰陽生於太極，太極本無極。太極拳，處處分虛實陰陽，故名曰太極也。

動之則分，靜之則合。

吾身不動，渾然一太極；如稍動，則陰陽分焉。

無過不及，隨屈就伸。

此言與相接相黏之時，隨彼之動而動，彼屈則我伸，彼伸則我屈，與之密合，不丟不頂，不使有稍過不及之弊。

人剛我柔謂之走，我順人背謂之黏。

人剛我剛，則兩相抵抗；人剛我柔，則不相妨礙，不妨礙則走化矣。既走化，彼之力失其中，則背矣；我之勢得其中，則順矣。以順黏背，則彼雖有力而不得力矣。

動急則急應，動緩則緩隨，雖變化萬端，而理爲一貫。

我之緩急，隨彼之緩急，不自為緩急，則自然能黏連不斷。然非兩臂鬆淨，不使有絲毫之拙力，不能相隨之如是巧合。若兩臂有力，則喜自作主張，不能捨己從人矣。動之方向緩急不同，故曰變化萬端；雖不同，而吾之黏隨，其理則一也。

由著熟而漸悟懂勁，由懂勁而階及神明，然非用力之久，不能豁然貫通焉。

著熟者，習拳以練體，推手以應用，練習既久，自然懂勁，而神明矣。

虛靈頂勁，氣沉丹田，不偏不倚，忽隱忽現。

無論練架子及推手，皆須有虛靈頂勁，氣沉丹田之意。不偏不倚者，立身中正，不偏倚也。忽隱忽現者，虛實無定，變化不測也。

左重則左虛，右重則右杳。

此二句，即解釋忽隱忽現之意。與彼黏手覺左邊重，則吾之左邊，與彼相黏處，即變為虛；右邊亦然。杳者，不可捉摸之意。與彼相黏，隨其意而化之，不可稍有抵抗，使之虛處落空，而無可如何。

仰之則彌高，俯之則彌深，進之則愈長，退之則愈促。

彼仰則覺我彌高，如捫天能難攀；彼俯則覺我彌深，如臨淵而恐陷；彼進則覺我愈長而不可及；彼退則覺我愈偪（逼）能不可逃，皆言我之能黏隨不丟，使彼不得力也。

一羽不能加，蠅蟲不能落，人不知我，我獨知人，英雄所向無敵，蓋由此而及也。

羽不能加，蠅不能落，形容不頂之意。技之精者，方能如此，蓋其感覺靈敏，已到極處。稍觸即知。能工夫至此，舉動輕靈，自然人不知我，我獨知人。

斯枝旁門甚多，雖勢有區別，概不外壯欺弱，慢讓快耳，有力打無力，手慢讓手快，是皆先天自然之能，非關學力而有爲也。

以上言外家拳術，派別甚多，不外以力以快勝人。以力以快勝人，若更遇力過我快過我者，則敗矣。是皆充其自然之能，非有巧妙如太極拳術之不恃力不恃快而能勝人也。

察四兩撥千斤之句顯非力勝，觀耋耋能禦衆之形，快何能爲。

太極拳之巧妙，在四兩撥千斤。彼雖有千斤之力，而我順彼背，則千斤亦無用矣。彼之快乃自動也，若遇精於太極拳術者，以手黏之，彼欲動且不能，何能快乎？

立如平準，活似車輪。

立能如平準者，有虛靈頂勁也。活似車輪者，以腰為主宰，無處不隨腰運動圓轉也。

偏沉則隨，雙重則滯。

何謂偏沉則隨，雙重則滯，譬兩處與彼相黏，其力平均，彼此之力相遇，則相抵抗，是謂雙重。雙重則二人相持不下，仍力大者勝焉。兩處之力平均，若鬆一處，是謂偏沉。我若能偏沉，則彼雖有力者，亦不得力，而我可以走化矣。

每見數年純功，不能通化者，率皆自爲人制，雙重之病未悟耳。

有數年之純功，若尚有雙重之病，則不免有時為人所制，不能立時運化。

若欲避此病，須知陰陽，黏即是走，走即是黏，陰不離陽，陽不離陰，陰陽相濟，方爲懂勁。

若欲避雙重之病，須知陰陽，陰陽即虛實也。稍覺雙重，即速偏沉；處處為陰，實處為陽；雖分陰陽，而仍黏連不脫，故能黏能走，陰不離陽，陽不離陰者，彼實我虛，彼虛我又變為實，故陰變為陽，陽變為陰，陰陽相濟，本無定形，皆視彼方之意而變耳。如能隨彼之意，而虛實應付，毫釐不爽，是真可謂之懂勁矣。

懂勁後，愈練愈精，默識揣摩，漸至從心所欲。

懂勁之後，可謂入門矣。然不可間斷，必須日日練習，處處揣摩，如有所悟，默識於心，心動則身隨，無不如意，技日精矣。

本是捨己從人，多悞（誤）捨近求遠。

太極拳不自作主張，處處從人。彼之動作，必有一方向，則吾隨其方向而去，不稍抵抗故彼落空，或跌出，皆彼用力太過也。如有一定手法，不知隨彼，是謂捨近而求遠矣。

所謂差之毫釐，謬之千里，學者不可不詳辨也。

太極拳與人黏連，即在黏連密切之處而應付之，所謂不差毫釐也。稍離則退，失其機矣。

此論句句切要，並無一字敷衍陪襯，非有夙慧，不能悟也，教師不肯忘傳，非獨擇人，亦恐枉費時間光陰耳。

太極拳之精微奧妙，皆不出此論，非有夙慧之人，不能領悟。由是可見此術不可以技藝視之也。

十三勢歌

十三總勢莫輕視，命意源頭在腰隙，雙轉虛實須留意，氣遍身軀不少滯，靜中觸動動猶靜，因敵變化示神奇，勢勢揆心須用意，得來不覺費工夫，刻刻留心在腰間，腹內鬆淨氣騰然，尾閭中正神貫頂，滿身輕利頂頭懸，仔細留心向推求，屈伸開合聽自由，入門引路須口授，工夫無息法自休，若言體用何為準，意氣君來骨肉臣，想推用意終何在，益壽延年不老春，歌兮歌兮百四十，字字真切義無遺，若不向此推求去，枉費工夫貽歎息。

（十三勢歌之意義，於太極拳論篇已講明，故不再註解）

十三勢行功心解

十三勢者，掤、擺、擠、按、採、挒、肘、靠、進、退、顧、盼、中定是也。

以心行氣，務令沉著，乃能收斂入骨，以氣運身，務令順遂，乃能便利從心。

以心行氣者，所謂意到氣亦到，即氣與意合。以意行氣，意要沉著，則氣可收斂入骨，並非格外運氣也。

氣收斂人骨，戒輕浮，貴沉著，工夫既久，自能填髓壯骨，則骨日沉重，內勁長矣。以氣運身者，所謂氣動身亦動，氣要順遂，則身能便利從心，只要姿勢平順，自然氣動身至，故變動往來，無不從心所欲，毫無阻礙停滯之處矣。

精神能提得起，則無遲重之虞。

有虛靈頂勁，則精神自然提得起；精神提起，則身體自然輕靈，不受拙力之支配，始無遲滯之患。由此觀之，可知捨精神而用拙力者，身體必為力所驅使，不能轉動如意矣。

意氣須換得靈，乃有圓活之妙，所謂變轉虛實也。

與人相黏，須隨機應變，腦中得隨時而換意，仍不外虛實分得清楚，則自然有圓活之妙。例如與敵人相黏，彼力在左，我當擊其右。如果我似發未發手之際，彼已知覺，我當隨機變換，以別法信手而應，攻其不備，出其不意，此即變換靈妙之意。

發勁須沉著鬆淨，專主一方。

發勁之時，必須全身鬆淨。不鬆淨則不能沉著。沉著鬆淨，自然能放得遠。專主一方者，隨彼動之方向而直去也。隨敵者之勢，如欲打高，眼神上望，則視力注於上；如欲打低，眼神下望，則視力注於下；

如欲打遠，眼神遠望，則視力注於遠處。神至則氣到，全不在用力也。

沉著，乃拳術家最大關重之要訣，時時不可忽略。偶一失慎，則必驚慌失措，不知所措，誠為害甚烈。嘗聞某拳術家，所學者亦得法，工夫亦純，力量亦大，偶而鬥毆，交手之時，受傷數處，忽有人告之曰：「拳術汝忘之乎？」彼隨即再較，大獲勝利。此皆心神忙亂，手足失措，不知沉著為何物，以致有此極大之失敗也。

立身須中正安舒，撐支八面。

頂頭懸，則自然中正；鬆淨，則自然安舒，穩如泰山，若身鬆氣淨發勁，自然發無不中，其發也，則自然能撐支八面。

行氣如九曲珠，無微不到。

九曲珠，言其圓活也。如四肢百體，無處不有圓珠，無處不是太極圈子，故力未有不能化也。此即一氣流動，長行不息之意也，有隙皆通，遂微空而必至，能達四梢，可通九竅。

運勁如百練（煉）鋼，何堅不摧。

太極拳雖不用力，而其增長內勁，可無窮盡。勁者氣之至也，未發蘊於內，既發突於外，如炮火然。其彈脫口而出，凡所檔者皆傾，此即一氣蒸發其之力也。太極之勁如百練之鋼，無堅不摧。

形如搏兔之鵠，神如捕鼠之貓。

搏兔之鵠，盤旋不定；捕鼠之貓，待機而動。鵠之敏捷，盤旋不定之時，兩眼覷準機會，猛然進攻，突擊而中。貓之為物，最能審機待勢，蓄而後發。其精妙處，全有用神；其功用處，以靜制動。則太極拳行動之時，倏忽制敵，亦此理也。

靜如山岳，動若江河。

靜如山岳，言其沉重不浮；動若江河，言其周流不息，山岳之重，人莫撼動，故言此拳以沉實為主，以川流不息為用。

蓄勁如張弓，發勁如放箭。

蓄勁如張弓，以言其滿；發勁如放箭，以言其速。弓張越圓滿，箭放越速，弓乃富有彈力，箭執於中而後發，發而之先，必須蓄之。故太極拳誠於中，而發於外，亦此意也。

曲中求直，蓄而後發。

曲是化人之勁，勁已化去，必向彼身求一直線，勁可發矣。曲能化勁，直乃發勁；蓄則意之中，發則意之主矣。

力由脊發，步隨身換。

含胸拔背，以蓄其勢，發勁之時，力由背脊而出，非徒兩手之勁也。身動步隨，轉換無定，脊為內腎之源，又是發勁之關鍵，氣由尾閭上騰，由脊而肩而肘而手指，此皆發勁之意也。步隨身換，則上下相隨也。

收即是放，放即是收，斷而復連。

黏化打雖是三意，而不能分開。收即黏化，收者內含牽黏、外示弱點。彼身微動，我即放之，此乘機而發也。放是打，放者內蘊彈簧。彼抗我縮（縮即誘也），彼走我放，所謂若即若離，斷而復連。勁放人之時，勁似稍斷，而意仍續而不斷。

往復須有摺疊，進退須有轉換。

摺疊者，亦變虛實也。其所變之虛實，最為微細。太極截勁，往往用摺疊，外面看似未動，而其內已有摺疊，進退必變換步法，雖退仍是進也。摺疊乃是彎曲截勁之意，必須由轉換中，含有進退，似退非退，似進非進，亦即此理。

極柔軟，然後極堅剛，能呼吸，然後能靈活。

老子曰：天下之至柔，馳騁天下之至堅。其至柔者，乃至剛也。吸為提為收，呼為沉為放，此呼吸乃先天之呼吸，與後天之呼吸相反，故能提得人起，放得人出。周身柔軟，氣自暢達，偶一用力，氣必阻礙。堅硬者，氣之所至也。戒拙力，呼吸自能深長，遍體自能靈活；偶一用力，呼吸自必短促，遍體亦必遲滯。

氣以直養而無害，勁以曲蓄而有餘。

孟子曰：吾善養吾浩然之氣，至大至剛，以直養而無害，則塞乎天地之間。太極拳蓋養先天之氣，非運後天之氣也。運氣之功，流弊甚大，養氣則順乎自然，日習之養之而不覺，數十年後，積虛成實，至大至剛，至用之時，則曲蓄其勁，以待發，既發則沛然莫之能禦也。人之健壯者，氣必深長；人之薄弱若，氣必短促，如不信可詳察定知之，氣生命也。有限制之氣，豈容一絲之消毫（耗）。凡練習過拳術者皆知有呶（努）氣之名辭，或練氣功者，有發生其他之病症，此皆有限制之氣，用於不適宜之處，而應行流動之氣，自必虧損。故拳術家，更當戒之慎之。勁直無存，勁曲有餘，此當然之理，不再贅述。

心爲令，氣爲旗，腰爲纛。

心為主帥以發令，氣則為表示其令之旗，以腰為纛，則旗中正不偏，決無致敗之道也。

先求開展，後求緊湊，乃可臻於縝密矣。

無論練架子及推手，皆須先求開展，開展則腰腿皆動，無微不到。至功天純熟，再求緊湊，由大圈而歸於小圈，由小圈而歸於無圈，所謂放之則彌六合，卷之則退藏於密也。此即拳術家之上乘也。

又曰：先在心，後在身，腹靠淨，氣斂入骨，神舒體靜，刻刻在心。

太極以心意為本，身體為末，為謂意氣為君，骨肉為臣也。腹鬆淨，不存絲毫後天之拙力，則氣自斂入骨；氣斂入骨，其剛硬可知。神要安舒，體要靜逸，能安舒靜逸，則應變整暇決不慌亂。

切記一動無有不動，一靜無有不靜。

內外相合，上下相連，故能如此。

牽動往來，氣貼背，斂入脊骨，內固精神，外示安逸。

此言與人比手之時，牽動往來，須涵胸拔背，使氣貼之於背，斂入

脊骨，以待機會；機至則發，能氣貼於背，斂於脊骨，則力能由脊發，不然，仍手足之勁耳。神固體逸，則不散亂。

邁步如貓行，運勁如抽絲。

此仍形容綿綿不斷，待機而發之意也。

全身意在精神，不在氣，在氣則滯，有氣者無力，無氣者純剛。

太極拳以神行，不尚氣力，此氣者所謂後天之氣力也。蓋養氣之氣，為先天之氣；運氣之氣，為後天之氣；後天之氣有盡，先天之氣無窮。

氣如車輪，腰似車軸。

氣為旗，腰為纛，此言其靜也。氣如身輪，腰似車軸，此言其動也。腰為一身之樞紐，腰動則先天之氣，如車輪之旋轉，所謂氣遍身軀不少滯也。

打手歌（按打手即推手也）

掤攦擠按須認眞，上下相隨人難進，任他巨力來打我，牽動四兩撥千斤，引進落空合即出，粘連黏隨不丟頂。

認真者，掤攦擠按四字，皆須按照老師所傳之規矩，絲毫不錯，日日打手，練習功夫既久，自然能上下相隨，一動無有不動，雖巨力來打，稍稍牽動，則我以四兩之力，可撥彼之千斤。彼力既巨，必長而直，當其用力之時，不能變動方向，我隨彼之方向而引進，則彼落空矣。然必須粘連黏隨，不丟不頂，方能引進落空，此謂以四兩之力可撥千斤也。

又曰：彼不動，己不動，彼微動，己先動，似鬆非鬆，將展未展，勁斷意不斷。

打手之時，彼不動則我不動（動），以靜待之；彼若微動，其動必有一方向，我意在彼之先，隨其方向而先動，則彼必跌出矣。似鬆非鬆，將展未展，皆言聽敵者之勁，蓄勢待機，機至則放，放時勁似斷而意仍不斷也。

機到則放，放時勁似斷而意仍不斷也。

以上相傳，為王宗岳先生所著，余略加註解。太極拳之精微奧妙，已包蘊無餘，就管見所及，已加說明，然仁者見仁，智者見智，功夫愈深者，讀之愈得其精妙處，深望繼起者，發揮而廣大之焉。

太極與老說合解

老子曰：「常無欲以觀其妙，當有欲以觀其徼一，與之黏隨，觀其化之妙，忽然機發，是謂觀其徼。」

老子曰：「有無相生，前後相隨。」是謂左重則左虛，右重則右杳；進之則愈長，退之則愈促。

老子曰：「天地之間，其獨橐籥乎？」虛而不屈，動而愈出。故太極無法，動即是法。

老子曰：「綿綿若存，用之不動。」綿綿若存者，內固精神，用之不勤（動）者，外示安逸。

老子曰：「後其身而身先，外其身而身存。」後其身而身先者，即彼不動己不動，彼微動己先動也。外其身而身存者，由己則滯，從人則活也。

老子曰：「上善若水，居善地，心善淵，事善能，動善時，夫惟不爭，故無尤。」居善地者，得機得勢，心善淵者，斂氣斂神。事善能者，隨轉隨接，動善時者，不後不先。太極之無敵，惟不爭耳。

老子曰：「抱一，能無離乎，專氣致柔，能嬰兒乎？」是謂極柔而至剛，萬法而歸一。

老子曰：「曲則全，枉則直。」是謂曲中求直，蓄而後發。

老子曰：「將欲歙之，必固張之；將欲弱之，必固強之；將欲奪之，必固與之，是謂微明。」太極黏連綿隨，不與之抗，彼張我歙，彼強我弱，彼奪我與，然後能張，能強，能奪。

老子曰：「反者道之動。」故有上必有下，有前必有後，有左必有右。

老子曰：「天下之至柔，馳騁天下之至堅。」無有入於無間。又曰：「不爭而善勝，不召而自來。」是謂引進落空，四兩撥千斤也。

太極拳之真義

無形無象（己身忘之）全身透空（內外如一）應物自然（隨心所欲）西山懸磬（海闊天空）虎吼猿鳴（鍛鍊陰精）泉清水靜（心沉神活）翻江鬧海（氣血流動）盡性立命（神充氣足）

八字歌

掤攦擠按世界稀，十個藝人十不知，若能輕靈並堅硬，粘連黏隨俱無疑。

採挒肘靠更出奇，行之不用費心思，果得粘連黏隨字，得其環中不

支離。

心會論

腰脊為第一之主宰，喉頭為第二之主宰，心地為第三之主宰。

丹田為第一之賓輔，指掌為第二之賓輔，足掌為第三之賓輔。

（註）喉頭——在喉間氣管之上端，上通咽頭，爲空氣出入之道。

心地——道德之根於心猶農產物之出於地，故無天資之厚簿曰心地。

周身大用論

心性與意靜，自然無處不輕靈。遍體氣流行，一定繼續不能停。

喉頭永不拋，問盡天下眾英豪，大功因何得？表裏精粗無不到。

十六關論

蹬之於足，行之於腿，縱之於膝，活潑於腰，靈通於背，神貫於頂，法行於氣，運之於掌，通之於指，斂之於髓，達之於神，凝之於耳，息之於鼻，渾噩於身，呼吸往來於口，全體發之於毛。

（註）渾噩——後世因稱上古爲渾噩之世，渾噩於身者言完全包括於身之意也。

功用歌

輕靈活潑求懂勁，陰陽相濟無滯病。

若得四兩撥千斤，開合鼓盪主宰定。

用功五誌

博學 是多用功夫。

審問 不是用口問是聽勁。

慎思 時時思念。

明辨 生生不已淵淵不斷。

篤行 如天行健篤行而不倦。

（註）審問——聽勁是也，聽勁者例如與敵人相遇，各現身手，敵若出手擊之，則吾與手迎之，手與手觸，則吾聽其用勁，遂變換而擊之。

太極拳各勢註解

1 預備式

意義：預備式——（又名謂無極式）是太極拳未動之形式第一式，渾渾淪淪，如吾寂然無思，萬善未發，然此心未發，自昭然不昧之本體，徵一著意，即是太極，此所謂由無極而太極是也。此不過以易理推之，心理作用，然皆一預備式而已。此式為太極拳中各式之主，注重如神，揣摩於氣，順其自然之呼吸，務須凝神，拋除雜念，俟自覺心與氣已至沉靜不浮，始可動作第二式，此即謂由靜而動也。

功用：拳術有內家外家之別，外家拳以肉體支配技術，以體肉為主；內家拳以精神支配肉體，此不同之點於此。神凝而氣斂，氣斂而精固，使之混元一氣，氣達丹田，能使氣血暢達不滯，祛病延年，無論男女老幼，皆可練習，此功效之大深矣。

要點：頭動作時頭宜頂勁而正，神貫於頂，後身向前微攏抱勁，係堅固命門之意，因命門為週身門戶。齒扣而唇微開，扣齒則生力，項要豎勁，兩肩要下沉用勁，氣歸注於丹田，足跟踩勁，足尖抓勁，週身須靈活敏捷，特別注意，絲毫不要用拙力，處處總以想像運之於神。

2 太極拳起勢

意義：太極拳起勢，即所謂預備第二勢。預備式乃渾渾淪淪，無我無他，所謂無極是也。即起字意義，乃是一動詞，以此推之，微一著意，起而動之，即為太極。太極拳起勢者，亦即為太極拳預備動作之姿勢。

功用：前如第一圖預備式，乃未動作之姿式，以想像力運用之，純一靜字。太極拳起勢之功用與預備式相同，不過較預備式已起始動作，實在以精神去支配肉體，神凝氣斂，氣達丹田，呼濁吸清之氣，可遞換腹部污濁鬱結之氣呼出，使清鮮之氣而吸入，順生理之自然，合衛生之要義。

要點：一任自然，不可牽強，守我之靜，以待人之動，則內外之一，體用兼備，往往人皆於此勢易為忽略，殊不知練法用法，俱根本於此勢，望學者首當於注意焉。

3 左右斜飛式攬雀尾

意義：攬雀尾為太極拳體用兼備之總手，太極拳體用有（推手）一節，即推手所謂黏連粘隨，往復不離不斷，遂以雀尾比喻手臂，故總名之曰：攬雀尾。其法有四，曰掤攌擠按。

功用：設若敵人以手臂擊之，則我之手臂應之，攬之以緩敵人前進攻擊之力，乘勢進之近切而擲之，此稍加解說。若練日久功深，以意揣之，由靜而待動，一旦豁然貫通，無不從心所欲。

要點：練習動作時，純以神與意行之，切莫用以拙力。手指路線皆成一圜形，二目須隨手足腰而變動，膀與背鬆解勿用拙力，尾閭中正。每逢至足跟時，足跟切離地。若發手時，心與意須達於手指尖，勿加絲毫之拙力，切忌勿似（努）些微之氣。凡一動作，須沉肩墜肘，腰鬆腿坐。攬雀尾為太極拳中之基礎，練習時須加十二分注意。

4 單 鞭

意義：單鞭以字義解釋之，單者，單手之意；鞭者，即擊人之器具曰鞭。凡太極拳中之樁步，即弓登步是也，姿勢即兩足一前一後，足尖俱向前，在兩點上，前後斜度及左右距離，宜照個人身軀高矮，以為伸縮之標準。蹲身亦不可過度。若過度則費力，費力則易呼吸即不平均，實與沉氣調息有莫大之障礙也。

功用：單鞭此名詞，以鞭擊人之意，且有種種之擊法，而太極拳兩足與手忽然變為虛，忽然變為實，此則使週身重量與中心點由兩腿輪流值時負擔責任，並能調劑疲勞。週身骨節活動是有相當之步驟，故此太極拳與生理衛生學深有密切之關鍵。

要點：單鞭勢之前手與臂向前伸出時，須用內部之勁運之之於臂而手，而兩肩須成一水平直線，足動則手亦相隨，宜動作一致並敏捷一致。凡弓蹬步，後足之足跟用力向下蹬勁，而足跟不可稍微離地拔起。因後足足跟蹬時亦為週身之根，否則全身鬆解，故為領氣發勁之源。項要豎勁，足跟要蹬勁，則氣自然由脊而發。前腿之膝，切記不可超過前足足尖。

5 提手上式

意義：提者上提之意，如手提物狀，並無深意，以字之表面可勿解瞭解，此式發者內勁而緩。

功用：提手上式雖極簡單，善能應敵。設敵人由右側或左側或迎面來擊時，即隨敵人而轉移方向應之，將兩手為一合勁，左右手隨方向置之前後，則兩腕提至與敵人之肘腕相啣（銜）接時，須含蓄敵勢，用腕擠出之。身法步法，與擠亦有相通處。

要點：此式係練習脊骨之伸縮力，與物理學中之力學有關係。動作此勢時，頭宜頂勁，兩臂宜鬆勁，須含胸拔背，腰宜鬆，兩足踏實，尾閭中正，氣沉丹田。

6 白鶴晾翅

意義：此勢兩手一上一下，兩腿前後一伸一屈，兩臂斜開，作鳥翼狀，形如鶴之展翅，故取此意。此式有斜展正展之別，斜則為展翅，正則為晾翅。兩足有左虛右實之分，如鶴獨立之狀，右手浮起，左手下沉，又如鶴展翅，故以象形取義而得名。

功用：白鶴晾翅此勢善能運動伸縮胸背各部。設若敵人從我身左側，用雙手來擊，右足收回，左足邁出，兩手隨起隨沉，則敵之力即分散而不整矣。此勢並能氣慣（貫）頂。神靈通，週身氣血暢達不止，則百病不生，而精神倍足矣。

要點：此勢善能運動胸部，及背部之伸縮力。動作此勢時，注意頂勁虛領。人之頭部，大腦是種種神精（經）中樞，各司人體之各部。頭容正直，切忌用力，用力則肌肉收縮，其弊至矣，不但有礙於血液暢行，與呼吸之須適，且能使大腦皮質與腦脊髓間之連絡，在無形中則發生幾許之障礙。凡學者豈不慎乎？

7 摟膝拗步

意義：摟膝者，即以手摟膝蓋之意。拗步，即須步之反，如出左足，伸右手；出右足，伸左手，此之謂拗步。其他拳術亦有此步，然其內勁不同。

功用：蓋太極拳重意不重形，明能以舒筋骨，暗能以調和氣血，一切姿式，純任自然，平正簡易毫不費力，實與人體各部之發達，有補助之能，無妨害之弊也。如遇敵由下方用拳或腿擊來時，即可以順手向旁摟開，拗步前進，以手推擊其胸。

要點：練習時，注意說明可也。兩臂之動作，全憑腰力運轉，兩肩塌力，前肋墜力，發出手切莫伸直，足踵蹬勁，故此式係運動兩臂腰膝之屈伸力

8 手揮琵琶

意義：兩手如抱琵琶以指撫絃者然。此式雖極簡單，而意想極其複雜。蓋凡是一種運動，應確信其必有當然之效果，而加以想像之，如意

欲行氣，則應作行氣想；如意欲沉重，則應作沉重想；如意欲沉氣，則應作氣沉丹田想；推這一切方法，皆應作如是想。此種方法，一經說明，固極簡單，然其宏效，則非常迅速也。

功用：增進臂力，力能達梢。能延長右腿之支撐力，遇敵能久持。如敵當胸擊來時，吾即將右手向懷內後撤，以柔化其力；同時用左掌按其肩，猛向前推，此謂登堂入室，敵則必應手而仆矣。

要點：進後足時，全身勿稍上聳；抬左手時，以全身之力，由脊，而肩，而肘，而手，發之於梢，肘向下沉，手向下塌，右胯與右足踵成一垂直線。

9 左右摟膝拗步

說明：此式意義、功用、要點，均與前摟膝拗步同，故不再贅述，不過左右方向不同耳。

10 手揮琵琶

說明：此式意義、功用、要點與前同故不再贅述。

11 進步搬攔錘

意義：搬攔錘者，即搬攔敵人之手，而攔阻之，復用拳迎擊之稱。南方人稱拳為錘，此錘乃太極拳五錘之一。五錘者，則肘底看錘，撇身錘，進步栽錘，摟膝指襠錘，是也。

功用：敵拳當胸擊來時，即順手向外搬開，敵外逃，即攔之，乘勢且可直擊敵胸。此式善能活潑兩胯，並以廷（延）長腿力，明足以舒展筋骨，暗足以調和氣血，於人體各器官之發達，有密切關係也。

要點：此式係運動脊椎，活潑肩胯。練習時，須空腋鬆肩，擊出之拳，不可握緊，蓋握緊則氣滯，而內力亦無由發出。發拳須用脊力擊出，後腿彎切莫蹬直，不可探身向前，蓋探身則僅為腰力，易向前傾。

12 如封似閉

意義：封閉者，即封鎖敵人之意。與外家拳種種封敵之勢，均同，惟此係弓箭步耳。

功用：用搬攔錘時，敵若以左手截吾右拳，即以左手從下方攔其手，右拳撤回，復出雙手向前推之。此式善能運動腰胯，伸縮兩臂。而太極拳有治病特效之原因，實由不使呼吸與循環絲毫失其常度，故雖有肺病者，亦可練習，定能有效；其他可治之病，自然不必再言。

要點：撤拳時，須將拳帶回，全身後坐，切不可僅屈臂彎。搭腕時不可停滯，應須分開前推。分開時，兩肘須微曲，肘尖下垂近脇，不宜旁開，使勁分散，前推時，手掌宜前伸，掌心吐力，不可用正掌。

13 十字手

意義：十字手者，兩手交叉相搭如十字之謂也。凡兩式相連，轉折不便者，無可加十字手，以資銜接。

功用：能運用兩臂，引勁達梢，增長足步之抓力，與全身之坐力。

要點：此式坐身時，上身切莫前傾。右臂抽回時不可過頂。身體站起時須連接下式不可稍有停頓。

14 抱虎歸山

意義：抱虎歸山者，假若敵人為虎，抱而擲之也。亦可名謂抱虎推山，如敵思逃走，即乘勢前推。而說均皆合理。學者多於此式不加注意，以致與後式之擠按，誤為攬雀尾。凡學者宜慎之！

功用：敵人若自吾右後側擊來，宜以右手下按其臂，以左掌迎面擊之。若敵以左臂剩勢上抬，而左轉擊吾頭部，應即進身以臂承接其臂根，圈右臂後以抱敵身。設敵欲遁逃時，可回身以右手外例（捌），雙手向前推其胸。

要點：此式須以腰身運動肩臂，宜貫串一氣，相連如抽絲為妥。弓右足時脊椎萬勿前挺，否則成為上重下輕之勢，最易受擊而倒。無論任何姿式（勢），皆宜沉肩含胸為主，其氣自然暢達丹田也。

15 肘底看錘

意義：亦名謂肘底錘，又名謂肘下錘。有謂此式，意在看守門戶，防敵襲擊之意；則又有內藏衝擊之勢，進可攻，退亦可守。學者對於此式，萬勿忽視，應祥（詳）加注意焉。

功用：此式善能活潑週身之關節，與暢達血液之循環，久練既熟，自可從心所欲，以宿其勢，向機而發，未有不應聲而倒。

要點：宜注意三合，即肩與胯合，肘與膝合，手與足合。於出拳時，身須隨之微向前含胸之意，同時尤宜鬆腕聳身。

16 倒攆猴

意義：倒攆猴者，則取其輕靈，敏捷，進退自如之意，以其退步之速，能追逐於猴而故名。

功用：設敵以拳擊，或足踢時，即以前手搬下，後手迎面擊出。

要點：兩腿彎須微曲，頭部宜頂，身軀宜正，穀道內提。

17 斜飛式

意義：此式如鳥之展翅能飛，因而名。

功用：要點皆與前式同，故不再贅述。

18 提　手

說明：此式意義與功用、要點皆與前者同，不再贅述。

19 白鶴晾翅

說明：此式意義與功用要點均與前同，參看前註便可明瞭。

20 摟膝拗步

說明：此式意義與功用、要點，均與前同，參看前註便可明瞭。

21 海底針

意義：此式有云係向下刺海底穴者，則不然。蓋海底針為太極拳中最難練之姿勢，為蓄以待發之勢，重緊湊，戒開展。譬如蠶蟲，向前進

行，尾著實，中部起，前部向後收縮。學者宜加注意。

功用：含胸乃使心窩微向內凹，俾內部橫膈板，因胸部向內壓迫自能降下。拔背，乃使背部微如弓背之突出，回復初生時之垂直性，則內氣自能下降。鬆腰，則腰自能下沉。腰沉氣亦必沉，使兩足增力，下盤穩固。

要點：含胸、拔背、鬆腰。萬勿拔腰，有提氣之弊。

22扇通背

意義：通臂者，使脊背之力通於兩臂也；或云扇通臂擬兩臂為扇幅，脊椎為扇軸，如扇之分開狀，故而名之。

功用：練習肩背之力，能達於梢。設敵以右手擊來，即上左腿以右手反刁敵腕，舉臂上提，以左掌擊敵脇下；或以右手反刁，左手上托，則敵肘必斷。

要點：此式係練習腿力及肩背之力。蹲身上起時，宜使臀部下垂，則尾閭自然中正。蓋初練之人稍一蹲身，便將臀部外突，致使脊椎骨間受不自然之壓迫，實與氣之流通有極大之阻礙。

23 撇身捶

意義：撇身捶者，使身折疊，腰部後撇，復用腕進擊之謂。此捶為太極拳五捶之一。

用功：靈活腰脊，堅實內腎，以意行氣，勁能直達於梢。倘敵人自後方擊來，吾可向後撇身，屈肘擒制敵臂，乘勢抬步握拳迎擊。

要點：撇身時，手腿動作，須以腰脊為樞紐，方能靈活自如。

24 上步搬攔捶

說明：此式意義、功用與要點，均與前同，參照便可明瞭。

25 進步攬雀尾

說明：此式意義、功用要點均與前同，參照便可明瞭。

26 單　鞭

說明：此式意義、功用、要點，均與前同，參照便可明瞭。

27 雲　手

意義：雲手者，則手之運動，盤旋回轉如雲之謂也。此為太極拳中最要之姿勢，兩手之旋轉運行。與少林拳左右攀援手略同。

功用：蓋進退、虛實、變化，有不得力處，亦全恃腰部轉動，以資補救，故此式善能增進腰部之靈活，久之自可運用自如。設敵以左手自前面擊來時，即以右手向右運開，乘勢進擊。若自後襲擊吾右肩，即可以右手迎觸敵手，翻掌發勁擲出之。

要點：雙手運行須圓轉如輪，眼神與腰與手均須一致，兩腿須竭力下坐，上體不宜搖擺，頭部不宜左歪右斜，眼須注意視運行之左右手。

28 單　鞭

說明：此式意義、功用、要點均與前同，參照便可明瞭。

29 高探馬

意義：高探馬者，即身體高聳，向前探出，如乘馬探身向前之意。

功用：設敵以右手進擊吾胸，即以左手反勢下黏，右手用撲面掌擊敵胸。

要點：此式左足之落點，與右手之擊出，均須起落一致，注意上下相隨。

30 右分腳

意義：右分腳者，即用腳向右分踢之意。蓋人體各部之發達，在定理上均有一定之程序，而太極拳對於身體各部之發達，可云處處平均，無微不至，而足之一部，更切重要！故太極拳行功時，一動無有不動，一靜無有不靜，於肢體任何部分，皆無偏重之虞，故於生理上有補助之功，無妨害之弊。

功用：氣能行之於足，意能達之於稍（梢），上擊下踢，手足齊至，發足之速度，超出他拳一倍以上。

要點：此式須週身鬆開，須有頂勁，須手步一致動作。踢足時，兩臂宜成水平線，前足尖平，後腿微屈。

31 左分腳

說明：左分腳者，即腳向左分踢之意。其意義、功用、要點，均與右分腳同，參照便可明瞭。

32 轉道蹬腳

意義：此式意義與分腳同，其稍差者，一係足尖用力，一係足踵用力；所不同者，一係直接發力，一係旋轉發力，而轉身蹬腳之練習，實較分腳尤難。

功用：設敵由身後襲擊時，即轉身避過，並可乘勢用足前蹬，兩手向左右分開，以讓膝防敵之摟腿也。

要點：須渾身鬆開，全身之力寄於右足，向左轉身時，上身宜直立，不可前俯。

33 左右摟膝拗步

說明：此式意義、功用、要點，與前同，參照便可明瞭。

34 進步栽捶

意義：進步栽捶者，即進步向前使拳由上下栽之謂也，此捶亦為太極拳中五捶之一。

功用：設敵以足踢吾小腹時，吾可抬足以避其鋒，或以左手向外摟開，右手擊敵之小腹。

要點：栽捶時，須用脊骨力，頭宜頂，不可傾斜。摟左膝時，左手宜浮靠左膝。

35 翻身白蛇吐信

意義：蓋白蛇乃蘄州之毒蛇，口中有絲吐出，人誤觸之，無有脫者。此式婉轉靈活，又髣髴（彷彿）若蛇，故亦此名耳。

功用：此式之用法，與撇身捶略同，其形勢毫無差異，惟此式之轉身係以腰部作軸，善能引化敵來之勁。

36 上步搬攔捶

說明：此式意義、功用、要點均與前同，參照便可明瞭。

37 右蹬腳

說明：此式意義、功用、要點均與分腳、轉身蹬腳同，參照以上解說，便可明瞭。

38 左右披身伏虎

意義：此式之氣象，兇猛異常，用法精妙，類似打虎意，故而名之。雖然蓄意兇猛，其形體亦甚和緩，其氣蘊於內，而不形於外。

功用：活潑腰脊，增進橫勁；善能避敵，又能蓄勢；以守為攻，以退為進。

要點：左右兩式之運行路線，宜成圓形。

39 回身蹬腳

說明：此式意義、功用、要點均與前之分腳蹬腿同，參照便可明瞭。

40 雙風貫耳

意義：此式以兩拳自側方貫擊兩耳，敏捷如風之謂也。

功用：第一式為過渡法。如敵人用足踢來，可抬右足以避之。如敵用拳擊我小腹，即將敵手格出，順勢貫敵兩耳。

要點：兩臂運動須與兩足一致，始可完整一氣，活潑無滯。

41 左蹬腳

說明：此式之意義、功用、要點，均見前，參照便可明瞭。

42 轉身蹬腳

說明：此式之意義與前之蹬腳同，惟此式係由旋轉而後蹬出，故名轉身蹬腳。

43 上步搬攔捶

說明：此式之意義、功用、要點，均見前，參照便可明瞭。

44 如封似閉

說明：此式之意義、功用、要點，均見前，參照便可明瞭。

45 十字手

說明：此式之意義、功用、要點，均見前，參照便可明瞭。

46 抱虎歸山

說明：此式之意義、功用、要點，均見前，參照便可明瞭。

47 斜單鞭

說明：此式之意義、功用、要點，均與單鞭式同，而在練習時又與前之單鞭無絲毫差異，不過方向斜而已。

48 野馬分鬃

意義：野馬分鬃者，以此式之運動如野馬奔馳，兩手分展如馬鬃左右分披之謂也。

用功：設敵進擊吾胸時，即可即按敵腕，順步至敵腿後，伸臂自敵腋下斜擊上排。此式又善能活潑腰部，運動脊椎增進梢力。

要點：兩臂分合須腰胯一致，沉肩、鬆腰，運行時須輕靈敏捷，方為合宜。

49 上步攬雀尾

說明：此式之意義、功用、要點，均見前，參照便可明瞭。

50 單　鞭

說明：此式之意義、功用、要點均見前，不再贅述。

51 玉女穿梭

意義：此式先前進，次後轉，又前進，復後轉，週行四隅，綿綿不斷，如穿梭狀，故而名之。

功用：設敵以右手自正面擊來時，即可順左步右手上捧，左手隨步向敵臂按出。若敵自後側方擊來時，則可回身以拗手傍纏敵腕，隨進順步以順臂上捧敵臂，伸手擊敵胸腋等處。

要點：轉身時須腰步相隨，運用一致，方向雖斜而身體姿仍宜中正。切記，發掌時，掌心間表示微有突意，以為引伸內勁之助，然亦不可誤為發勁。

52 上步攬雀尾

說明：此式之意義、功用、要點均見前，故不再贅述。

53 單　鞭

說明：此式之意義、功用、要點均見前，故不再贅述。

54 雲　手

說明：此式之意義、功用、要點均見前，故不再贅述。

55 單鞭下勢

意義：單鞭下勢者，即由單鞭，而身體下降之謂也。

功用：敵以猛力撲吾身，或以兩手握吾臂，不能抵抗時，則可用蹲

身下坐，揉避敵力，令其落空，即乘勢擊其頭腦各部。

要點：蹲身時脊骨須直立，不宜前傾。膝臂屈伸時，與身體之起落務須一致。

56 金雞獨立

意義：凡雞皆喜獨立，此式係一足立地，手臂揚起，作展翅狀，若金雞獨立，故而名之。

功用：此式善能增進腿之支持力，與膝骨之彈力，和兩足之蹬力。

要點：立地之腿彎不可蹬直，如此則全身之骨骼為之緊湊，則無全身重量編於骨骼之支撐。

57 倒攆猴

說明：此式意義、功用、要點均見前，故不再註。

58 斜飛式

說明：此式意義、功用、要點均見前，故不再註。

59 提手上式

說明：此式意義、功用、要點均見前，故不再註。

60 白鶴晾翅

說明：此式意義、功用、要點均見前，故不再註。

61 摟膝拗步

說明：此式意義、功用、要點均見前，故不再註。

62 海底針

說明：此式意義、功用、要點均見前，故不再註。

63 扇通臂

說明：此式意義、功用、要點均見前，故不再註。

64 撇身捶

說明：此式意義、功用、要點均見前，故不再註。

65 上步搬攔捶

說明：此式意義、功用、要點均見前，故不再註。

66 進步攬雀尾

說明：此式意義、功用、要點均見前，故不再註。

67 單　鞭

說明：此式意義、功用、要點均見前，故不再註。

68 雲　手

說明：此式意義、功用、要點均見前，故不再註。

69 單　鞭

說明：此式意義、功用、要點均見前，故不再註。

70 高探馬

說明：此式意義、功用、要點均見前，故不再註。

71 十字腿

意義：十字腿者，以伸順拳，踢拗腿之謂也。

功用：設敵由後方擊來時，即可轉身以手攔格，乘勢以足踢之。

要點：此式係運動腿部，活潑腰背。轉身時，左臂須竭力前伸，手指與足尖並齊。

72 摟膝指襠捶

意義：此式為太極拳中五捶之一，乃摟膝後乘勢用拳進擊敵䑗（襠）之意也。

功用：設若敵人用足自下踢來，我急用手，將敵足往膝外摟開，以手隨即握拳向敵膛（襠）部指去，敵必應手而倒。

要點：如用右拳前擊時，右肩探出之力，須由肩背發出，方可得其要領。

73 進步攔雀尾

說明：此式意義、功用、要點均見前，故不再註。

74 單鞭下勢

說明：此式意義、功用、要點均見前，故不再註。

75 上步七星

意義：凡拳術家以兩臂相挽，兩手相交叉斜對，皆名七星式。

功用：設敵人用手自上劈下，我即將兩手變拳，同時集合交叉，向外掤去，向敵胸部猛擊。

要點：擊拳之時，河直擊，宜含有由下向上擊之意，如此則敵之力必失其中。

76 退步跨虎

意義：凡拳術家以兩臂分開，兩腿蹲屈，一腿著實，一腿點地為虛，皆名跨虎式。

功用：設敵人用手按來，或外摟，敵若踢時即後退，遂成跨虎形，使敵全身之力皆落空，此時則敵雖猛如虎，略一轉動，便受我制矣。

要點：此式全身重量寄於右足，身宜直，頭宜頂。

77 轉身擺蓮

意義：轉身擺蓮者，即轉身蓄機待勢，向旁擺踢之謂也。

功用：設敵人自左側擊來，即閃身上左足以避之，誘敵進擊，再轉身起左足以踢敵脇，腳過似疾風擺盤盪蓮葉，所謂柔腰百折在無骨，撤去滿起都是手。此功之奧妙，非淺學者所能領略也。

要點：若擺足時，足尖宜內合，以便迴轉迅速。

78 彎弓射虎

意義：此式如開弓射虎之意，故而名之。

功用：設敵從右搭吾右臂下按時，即可隨其動作而揉化其力，乘勢且可前擊其胸。

要點：此式係用腰力，兩拳前擊時，須隱合螺旋之意。

79 上步搬攔捶

說明：此式意義、功用、要點均見前，故不再註。

80 如封似閉

說明：此式意義、功用、要點均見前，故不再註。

81 十字手

說明：此式意義、功用、要點均見前，故不再註。

82 合太極

意義說明：此式為練習完畢還原之姿勢，以意行氣，直達氣海，神宜內斂，氣宜充盈，意念存一靜。

太極拳各勢

1 預備式
2 太極拳起勢
3 左右斜飛式攬雀尾
4 單鞭
5 提手上式
6 白鶴晾翅
7 摟膝拗步
8 手揮琵琶
9 左右摟膝拗步
10 手揮琵琶
11 進步搬攔捶
12 如封似閉
13 十字手
14 抱虎歸山
15 肘底看錘
16 倒攆猴
17 斜飛式
18 提手
19 白鶴晾翅
20 摟膝拗步
21 海底針
22 扇通臂
23 撇身錘
24 上步搬攔錘
25 進步攬雀尾
26 單鞭
27 雲手
28 單鞭
29 高探馬
30 右分腳
31 左分腳
32 轉身蹬腳
33 左右摟膝拗步
34 進步栽錘
35 翻身白蛇吐信
36 上步搬攔錘
37 右蹬腳
38 左右披身伏虎
39 回身蹬腳
40 雙風貫耳
41 左蹬腳
42 轉身蹬腳
43 上步搬攔錘
44 如封似閉
45 十字手
46 抱虎歸山
47 斜單鞭
48 野馬分鬃
49 上步攔雀尾
50 單鞭
51 玉女穿梭
52 上步攔雀尾
53 單鞭

54雲手　55單鞭下勢　56金雞獨立　57倒攆猴　58斜飛式　59提手上式　60白鶴晾翅　61摟膝拗步　62海底針　63扇通臂　64撇身錘　65上步搬攔捶　66進步攔雀尾　67單鞭　68雲手　69單鞭　70高探馬　71十字腿　72摟膝指膪（襠）錘　73進步攬雀尾　74單鞭下勢　75上步七星　76退步跨虎　77轉身擺蓮　78彎身射虎　79上步搬攔錘　80如封似閉　81十字手　82合太極

太極拳勢圖解

1. 預備式

動作未開始時頭與面部正直勿偏斜，身體直立，眼向前平視成一直線，兩手下垂，手掌心向裏，兩足直蹈，平行分開，兩足距離與兩肩相齊，含胸拔背。切記不可前俯後仰。此太極未動之形式也，如第1圖。

2. 太極拳起勢

第一式

由預備式兩掌心同向上翻，提至胸前相離五寸之遠，氣隨兩手提升時吸入。如第2圖。

第1圖

第2圖

第二式

遂即兩掌向下按之，歸還原式，兩手沉至小腹間，氣再隨兩手呼出，沉肩墜肘，兩手指尖向前，手掌心向下鬆腰胯，兩手距離與肩相寬，尤要精神內固，氣沉丹田，任其自然，不可牽強，如第3圖。

3. 左右斜飛式攬雀尾

左斜飛式第一式

由太極起式姿勢，兩手毫不著力，慢慢向前向上提起，以提與肩平，手掌心向下，左臂伸出向右稍屈，右臂彎曲，置於左手右後方，不可太直，與腰同時下沉。全身微向前左方下蹲，目視左手，全身重量落在右腿為實，左腿為虛，左足尖點地，足跟提起。如第4圖。

第3圖

第4圖

第二式

再由前勢原姿式不動，左手稍向右脇摟回，手掌心向裏方面回動，與右手掌心上下相對為止，兩手上下距離尺許，狀如抱圓球形。如第5圖。

第三式

左足遂即提起，離地約五公分高，左足即向斜左前方踏出一步，全身之力換坐於左腿，屈膝坐實，右腿蹬直，成一左弓蹬步；同時將左手由胸前向左前方橫勁掤去，略與面部齊，手心向內；右手同時向右下方按去，按至距離小腹右方尺許之遠為止，手心向下，手指尖向前，目視左臂肘手之間，此勢即名左斜飛式。如第6圖。

第5圖

第6圖

右斜飛式第一式

由左斜飛式變右斜飛式動作，如第6圖之姿式，在上之左手手心翻轉向下提起，在下之右手手心翻轉向上，向左方旋動，與左手相對為止，兩手心相對，如抱圓球形，向左方移動；胸部同時向左方轉動，兩足不動，目視右方，如第7圖。

第二式

同時左足尖向內扣合，右腿抬起，足尖向下，上部原姿勢不動，微向右方稍轉，面向前視，全身重量落於左腿，如第8圖。

第7圖

第8圖

第三式

由第8圖之右斜飛式第二式姿勢身體上部不動，抬起之右腿，向右前方邁出一步，足掌著地，成一左實右虛之姿勢。如第9圖。

第四式

由第9圖第三式姿勢，右腿向前弓勁，變為右足坐實，左腿向前蹬勁，成一右弓蹬步，兩手遂即分開，右手向前掤出，左手下按，與左斜飛式右手狀同，此即變為右斜飛式，全姿勢與左斜飛式同。如第10圖。

攬雀尾第一式

由右斜飛式第四式之姿勢，右手手

第9圖

第10圖

心轉向下，手指向前伸，左手手心轉向上，左手置於右小臂左下方，兩手如捧一物；下部兩腿姿勢不動，目視兩手距離之間。如第11圖。

第二式

由攬雀尾第一式姿勢，身體上部姿勢兩手隨腰抽回後坐，下部左腿屈實，右腿直伸足尖向前，兩足成一丁字步姿勢，目視右手。如第12圖。

第三式

由上圖第二式姿勢，上部兩手慢慢往回攌按下沉，沉至與腰成平行線為止，右臂直伸，手心略側向裏合，左臂亦伸左手置於右小臂左側，手心亦略側

第11圖

第12圖

向裏合，兩手狀若捫一物形，目視右手。如13圖。

第四式

由上圖第三式姿勢，身體下部兩腿不動，成為左實右虛，兩手同時轉動撤回，提至左額傍，身體略轉向左側，兩臂攏抱成一扁圓形，左手心向下向外，右手心向內，兩手心仍相對，目向前視。如第14圖。

攬雀尾第五式

由上圖第四式姿勢，兩手相對同時向前直擠出，行動徐徐，不可太急，左手置於右手脈門處，上部亦隨之前擠出；全身重量徐徐變換到右腿，右腿弓

第 13 圖

第 14 圖

勁，左腿向後蹬直，足跟勿抬起，目注視兩手。如第15圖。

攬雀尾第六式

由前姿勢兩向變換均向前伸出，手心向下，手指向前，兩手分開，兩手之距離與肩同寬，此時目視兩手之間，兩肩下沉，兩肘下墜，全身徐徐後坐，兩手亦同時按，回左腿坐實，右腿為虛，兩手回按時，如按物狀，兩手與肩齊。如第16圖。

攬雀尾第七式

由上姿勢兩手掌再向下向外按力，兩手按到極處，兩手掌向外手指向上，左胯向前送力，左腿亦同時蹬力，兩手

第 15 圖

第 16 圖

掌徐徐向前按出，全身重量移向右腿，右腿弓勁，兩臂不可太直，目仍視兩手之間。如第17圖。

攬雀尾第八式

由前式兩手手指向上伸直，左足尖微微挪動，足跟微向內合，全身重量徐徐移於左腿；同時上身以腰作軸，兩手向左轉動。目視右手，轉至左後方時，目即轉視左手，左手前伸右手下塌，手指翹起，右足在身體轉動時足尖隨向裏扣，右腿直伸。如第18圖。

攬雀尾第九式

繼續上圖姿勢不停，全身重量隨即向右腿移動，仍是以腰作軸，兩手成一

第 17 圖

第 18 圖

平線，右手微高左手微低，向右徐徐轉動，此時目視右手，全身重量落在右腿。如第19圖。

攬雀尾第十式

由上圖姿勢，不停兩手徐徐轉向右前方，目即視右手，右臂直伸，右手五指併攏，五指尖攝在一處作提吊手式，左手置於右胸前，左手手指同時立起，左臂下垂。如第20圖。

4. 單　鞭

第一式

以上圖之姿勢，身體向左轉；同時，左腿提起屈之，右手不動，左手離開胸前向左轉動，臂少屈，頭面向左，

第19圖

第20圖

兩眼注視前方，體重在右腿上。如第21圖。

第二式

由上圖姿勢左腿向左前方伸出，踏出一步，左膝向前弓勁右腿蹬直，足跟不可抬起；同時左臂向左前方打出，手心向外，右手不動。如第22圖。

5. 提手上式

連接上勢單鞭第二式，即將身由左向右側轉回，左足跟作軸，左足隨向右側移轉，右足提起向前邁出一步，足跟著地，足尖虛懸，腿稍屈，全身重量坐在左腿，目前視，同時將兩手互相向裏提合，右手在前高，左手在後低，兩手

第21圖

第22圖

心左右相向，右手之吊手隨身體移動與右足同時向左前方轉動，對準胸前為止，即將吊手鬆開，肘往下沉；左手與左足同時一致向右移動，左手至右胸前為止，左手亦稍沉；右肩微前，左肩微後，成一側面形，目視右手。如第23圖。

6. 白鶴晾翅

第一式

由前勢，速將右足尖向內合起右進半步踏實，膝向前弓，全身重量坐在右腿，左腿蹬勁；兩手隨腰轉動，左手不動，右手往下沉，右臂垂直，手心向內，上身微向前靠，目視右方。如第24圖。

第23圖

第24圖

第二式

由上圖，姿勢不停，左腿抽回，足莫著地，貼近右足向前邁進半步，足尖著地，膝稍屈，右腿不動，全身抬起；右手心向外，由下向上翻動，翻至頭部上前方為止，手心向外，臂彎曲，左手向下按力至小腹左方為止，目平視。如第25圖。

7. 左摟膝拗步

第一式

由前勢姿勢右臂由上下沉，向後旋動，與頭平，手心向前，上身隨右臂向右轉動，左手貼近身膚，隨上身往右移動，臂彎曲手心向後，置於右胸前，兩手心遙遙相對，目視右手，兩肢姿勢不動。如26圖。

第25圖

第26圖

第二式

由上圖姿勢兩臂兩手不動，頭部回轉向前視，右腿不動踏實，左腿提起膝屈，足尖向下，全身重量坐在一右腿上。如第27圖。

第三式

由上圖姿勢不停，左腿往前邁出一步踏實，屈膝向前弓勁，右腿直伸向後蹬勁，足跟不可提起；左手隨左腿同時向左膝摟過，停於膝之左上部，手指向前，手心向下，右手由右耳旁發出，發手時肘宜沉力，臂稍曲，掌心向外用力打出，手指向上，目視右手。如第28圖。

第 27 圖

第 28 圖

8. 手揮琵琶

第一式

由上圖兩勢，左足不動，右足向前進半步屈膝坐實，左足跟提起，不動，上身向右腿實坐；左手心向裏翻上右臂直伸，手指向前，手心向下，兩手如捧一物，目前視。如第29圖。

第二式

由上姿勢，左足往前邁半步，足跟點地，足尖抬起，腿稍屈；左手向上提起與面部成平行線，臂稍屈，手心向內；右臂向後抽回墜肘，右手置於左胸前，貼近左臂肘之右方，手心向外，目視左手。如第30圖。

第 29 圖

第 30 圖

9. 左右摟膝拗步

左摟膝拗步第一式

由上圖姿勢，右足踏實不動，左腿提起屈膝，足尖向下，上身向右方轉動，左右兩手亦隨上身移轉沉下不停，遂即向右後方提起，右手高提，手心向前，置於頭部右後方；左手置於右胸前，手心向後，目前視。如第31圖。

左摟膝拗步第二式

此式與前28圖第三式同，故不再贅述。如第32圖。

第31圖

第32圖

右摟膝拗步第一式

由上圖兩足之姿勢不動，左足尖稍向外撇，全身重量寄於左腿；同時，左手順原方向往後橫出上提，手心向前；右手抽回貼近左胸前，用腰力轉向左方，目視後左手；後腿似屈非屈，似直非直，足跟拔起，足尖點地。如第33圖。

右摟膝拗步第二式

由上圖姿勢兩手不動，目轉向前視，右腿由後向前提起屈膝，足尖向下，全身重量坐在一左腿上。如第34圖。

右摟膝拗步第三式

由上圖姿勢不停，右腿往前邁進一

第33圖

第34圖

步踏實，屈膝前向弓勁，左腿直伸向前蹬勁，足跟不可拔起；右手隨右腿同時向右膝摟過，停於膝之右上部，手指向前，手心向下；左手由左耳旁發出，發手時肘宜沉力，臂稍曲，掌心用力向外打出，手指向上，目視左手。如第35圖。

左摟膝拗步第一式

由上圖兩足姿勢不動，右足尖微向外撇，全身重量寄於右腿；同時右手順原方向往後橫出，手心向前；左手抽回，貼近右胸前，用腰力轉向右方，目視後右手；後腿似屈非屈似直非直，足跟拔起，足尖點地。如第36圖。

第35圖

第36圖

左摟膝拗步第二式

此式與前第27圖同，故不再贅述。如第37圖。

左摟膝拗步第三式

此式與前第28圖同，故不再贅述。如第38圖。

10. 手揮琵琶

第一式

此式與前第29圖同，故不再贅述。如第39圖。

第二式

此式與前第30圖同，故不再贅述。如第40圖。

第 37 圖

第 38 圖

第 39 圖

第 40 圖

11. 進步搬攔捶

第一式

由上圖第二式，兩足姿勢方向不動，左足實著地，左腿向前弓勁，右腿向前蹬直用力，全身重量換在左腿，上身隨向前進；左手抽回貼近腹前右臂左方，手掌直立，右手握拳隨向下沉，目視右斜方。如第41圖。

第 41 圖

第二式

由上圖姿勢，左足不動，右腿抬起伸直，成一直線，足尖向上拘（勾）起，全身重量坐一左腿上；同時，右手由下往內貼身向上向前翻轉，翻至距離面部尺許時，手背向外，臂屈墜肘，左手掌仍貼近右小臂左旁，目視右拳。如第42圖。

第三式

由上圖姿勢不停，右腿向右前方邁出一步踏實，屈膝弓勁，左腿向後蹬勁；右拳同時抽回，貼近右脇下為止，左掌直向前發出，手掌面右側，手指向上，目視左手。如第43圖。

第 42 圖

第 43 圖

第四式

由上圖姿勢，左手不動，右手所握之拳順左手所指之方向往前打出，拳眼向上；右足不動，左足亦同時向前邁出一步；左掌抽回，靠在右臂裏肘左旁，手指仍向上，目視右拳。如第44圖。

12. 如封似閉

第一式

由上圖姿勢，身體下部兩腿原方向不動，右手將拳鬆開，手心向下，由左旋轉抽回，左掌同時手心向下穿出，右肘向外旋動，兩手漸動不停微離，上下相疊，兩臂彎曲，目前視，頭宜正。如第45圖。

第 44 圖

第 45 圖

第二式

承接上圖姿勢，上體向後坐身，全身體重坐在右腿，屈膝為實，左腿向前直伸；同時，兩手隨腰後坐時亦向後抽回，兩手掌漸漸分離，兩手心向外，兩肘下沉，若觸狀，目視兩手之間。如第46圖。

第三式

承接上圖姿勢，漸漸兩掌近於胸際為止，此時右腿變實；然後兩掌復隨腰前按，至左膝蓋上下相齊為止，又成一弓蹬步，目仍視兩手之間。如第47圖。

第46圖

第47圖

13. 十字手

第一式

此式與前第45圖同，故不再贅述。如第48圖。

第二式

由上圖姿勢，兩手相疊，身體向右方轉動，右足尖外撇，右腿屈膝，左腿直伸；兩手隨身一致動轉，漸漸往上分開，山上而下圓轉畫一半圓形，手心向外，面向後，目視右手。如第49圖。

第三式

承接上圖姿勢不停，兩手漸沉而下，身體同時亦向左方移動，又換至左腿坐實，左腿屈膝，右腿直伸；左臂貼

第 48 圖

第 49 圖

近左脇，右臂離右脇稍伸直，兩手心向上狀若托物形，目視右方。如第50圖。

第四式

承接上圖姿勢，兩手由下而上，復合為斜十字形，手心向內；右足隨同時移近左足，右方尺許距離，足跟提起，足尖點地，腰下沉，兩膝彎曲，目視十字手。如第51圖。

14. 抱虎歸山

第一式

承上式，兩足用力，身體向下蹲，右手向右前方，左手向左後方分開；右足隨右手往右前方邁步，此時全身變坐

第50圖

第51圖

在左腿；左手分開後，旋即轉上，提至額角上部，手心向外，肘向左後沉，右臂向前伸，手心向下，目視右前方。如第52圖。

第二式

承接上圖姿勢，兩足方向不動，左手由耳邊向右前方按出，手心向外；腰亦隨之前進，即坐在右腿上，屈膝前弓，右手同時轉至右脇旁，手心翻向上；左腿向前蹬勁，目視左手。如第53圖。

攬雀尾

第一式

此式同前11圖，故不再贅述。如第54圖。

第52圖

第53圖

第54圖

第55圖

第二式

此式同前12圖，故不再贅述。如第55圖。

第三式

此式同前13圖，故不再贅述。如第56圖。

第四式

此式同前14圖，故不再贅述。如第57圖。

第五式

此式同前15圖，故不再贅述。如第58圖。

第六式

此式同前16圖，故不再贅述。如第59圖。

第 56 圖

第 57 圖

第 58 圖

第 59 圖

第七式

此式同前17圖，故不再贅述。如第60圖。

15. 肘底看捶

第一式

此式同前第18圖，故不再贅述。如第61圖。

第二式

此式同前第19圖，故不再贅述。如第62圖。

第三式

由上圖姿勢不停，左足尖向內扣合，右足不動，兩手漸漸轉向右方，目即視右手，右臂伸出，手心向外；

第60圖

第61圖

第62圖

左手置於右胸前，左手心亦向外。如第63圖。

第四式

承接上圖姿勢，右足不動，左足尖向左前方轉動不停，足跟著地，向左旋轉開出一步，左手與左足皆為同一動作，手心向外；手足所行之線成一半弧引，右手不轉，目轉視左方。如第64圖。

第63圖

第64圖

第五式

承接上式，左足不動，膝向前屈，右足向前提至左足跟後約半步；左手轉回，貼近左胸下部，手心向上，上身隨右腿前進，右手置於頭上方，手心向上，目前視。如第65圖。

第六式

承上式不停，右手下沉至胸前時，遂握拳收回，左手由右臂的彎內伸出，手心向外，右手所握之拳藏於左肘下；右足不動，左足同時提起向前進半步，足跟點地，足尖翹起，目視左手。如第66圖。

第 65 圖

第 66 圖

16. 倒攆猴

右式第一式

由上式，下部姿勢不動，上部左手向前微伸，右拳旋鬆開變掌，由左肘下往後圓轉而上，手心向前，兩臂略成一圓弧形，頭向右轉，目視右手。如第67圖。

右式第二式

承上式不停，左臂直伸，手心轉向上，頭轉向前視，右手隨頭部向前按至右耳旁，左腿提起，足尖向下，腰向下沉勁。如第68圖。

右式第三式

由上姿勢不停，右手由右耳邊按

第 67 圖

第 68 圖

出，而左足同時往後腿一步，使全身坐於左腿上；左手亦同時隨腿抽回，置於左脇下，手心向上；右腿直伸。如第69圖。

右式第四式

承上式不停，左手亦同時往後圓轉而上，兩臂略成一圓弧形，手心向前，頭回轉，目視左手。如第70圖。

右式第五式

由上式姿勢，下部不動，右手心轉向上，頭回視右手，左手同時隨頭部向前按至左耳旁，手心仍向前。如第71圖。

右式第六式

承上式不停，上部姿勢不動，將

第 69 圖

第 70 圖

右腿提起，足尖向下，使全身坐於單左腿上，精神內固。如第72圖。

右式第七式

承上式不停，左手由左耳邊向前按出，而右腿往後退一步，使全身又換至右腿坐實；右手亦同時隨右腿抽回，置於右脇下，手心向上，左腿直伸。如第73圖。

第71圖

第72圖

第73圖

左式第一式

此式同前第67圖，故不再贅述。如第74圖。

左式第二式

此式同前第68圖，故不再贅述。如第75圖。

左式第三式

此式同前第69圖，故不再贅述。如第76圖。

17. 斜飛式

第一式

由上圖姿勢，右手按出後，腰向左鬆，全身坐在左腿上；右手隨腰向左向下，左手由左圓轉而上，使兩手掌心相

第74圖

第75圖

第 76 圖

對，左手心朝下，右手心朝上，如抱圓球，頭亦隨向左，目視左手。如第77圖。

第二式

承上式不停，兩手心相對，頭轉視右前方，左手置於左額旁、兩手仍如抱圓球狀；右腿提起，足尖翹起向外撇，全身坐在一左腿上。如第78圖。

第 77 圖

第 78 圖

第三式

此式同前第9圖，故不再贅述。

如第79圖。

第四式

此式同前第10圖，故不再贅述。

如第80圖。

18. 提手上勢

此式同前第23圖，故不再贅述。

如第81圖。

19. 白鶴晾翅

第一式

此式同前第24圖，故不再贅述。

如第82圖。

第79圖

第80圖

第 81 圖

第 82 圖

第二式

此式同前第25圖，故不再贅述。如第83圖。

第 83 圖

20. 摟膝拗步

第一式

此式同前第26圖，故不再贅述。如第84圖。

第二式

此式同前第27圖，故不再贅述。如第85圖。

第三式

此式同前28圖，故不再贅述。如第86圖。

21. 海底針

第一式

由上圖姿勢，右足不動，右手直

第 84 圖

第 85 圖

伸隨腰收回，手心向左；左足亦同時收回，足尖點地；左手仍在原處，眼神仍向前看。如第87圖。

第86圖

第二式

承接上式不停，右手隨腰收回，復隨腰向下垂，手尖下指，全身向下沉，目隨視右手。如第88圖。

第87圖

第88圖

22. 扇通臂

第一式

由上圖姿勢，右足不動，兩手隨腰提起，右手提至頭部的前上方，手心向外；左手提至胸際，向前按出；左腿同時抬起，足尖翹起，目前視。如第89圖。

第二式

承接上式不停，將提起之左腿向前直邁出一步，足跟著地，上身姿勢不動，目視左手。如第90圖。

第 89 圖

第 90 圖

第三式

承接上圖姿勢，左足著地不停，屈膝用力向前弓勁，右腿向前蹬勁，成一弓蹬步，上身左手與左足同時前進按出，兩手姿勢不變，全身變坐在左腿上。如第91圖。

23. 撇身錘

第一式

右足轉向右撤，全身仍坐在左腿，左手屈肘向右上方轉，右手屈肘向左下方沉轉，藏左在脇下，左手掌心向外，右手握拳，拳心向內，如抱物狀，面轉向右方，左足不動，兩手隨腰圓轉向右方；右腿直伸。如第92圖。

第91圖

第92圖

第二式

承接上圖姿勢不停，右腿收回提起，足尖向外，全身亦隨提起；上部兩手姿勢不動，目前視。如第93圖。

第三式

承上式不停，將右拳由脇下反背撇出，拳心向上，左手不動；同時，將提起之右腿，向外隨拳蹬出，足尖向上，目視右拳。如第94圖。

第93圖

第94圖

第四式

承上式不停，全身隨腰下沉，將蹬出之右足向前踏出一步，足跟點地；兩手亦隨下沉，左手不動，右臂略伸，拳心向上，目前視。如第95圖。

第五式

承上式不停，右足著地，屈膝向前弓勁，全身向前進，左腿向前蹬勁；右拳收回右脇下方，拳心仍向上，左拳隨全身向前按出，手心向前，目視左手。如第96圖。

第 95 圖

第 96 圖

24. 上步搬攔捶

第一式

由上圖姿勢，下部兩足不動，右拳由脇下提出，將臂伸出，拳心向下；左掌由上翻下，手心向上，右拳心與左掌心遙遙相對，如抱一物狀，目視兩手之間。如第97圖。

第二式

承接上式不停，右拳與左手隨腰往左收回，全身向後坐實寄於左腿上，右腿直伸，目前視。如98圖。

第三式

承接上式不停，兩手由下而上，如畫一弧形，兩手旋轉至胸際相交抱攏，

第97圖

第98圖

右拳心向後，左掌心向前，貼於右臂的彎中，目前視。如第99圖。

第四式

此式同前第42圖，故不再贅述。如第100圖。

第五式

此圖同前第43圖，故不再贅述。如第101圖。

第 99 圖

第 100 圖

第 101 圖

第六式

此式同前第44圖，故不再贅述。

如第102圖。

右斜飛式

第一式

此式同前第7圖，故不再贅述。

如第103圖。

第二式

此式同前第8圖，故不再贅述。

如第104圖。

第三式

此式同前第9圖，故不再贅述。

如第105圖。

第 102 圖

第 103 圖

第 104 圖

第 105 圖

第四式

此式同前第10圖，故不再贅述。

如第106圖。

第 106 圖

25. 進步攬雀尾

第一式

此式同前第11圖，故不再贅述。

如第107圖。

第二式

此式同前第12圖，故不再贅述。

如第108圖。

第三式

此式同前第13圖，故不再贅述。

如第109圖。

第四式

此式同前第14圖，故不再贅述。

如第110圖。

第 107 圖

第 108 圖

第 109 圖

第 110 圖

第五式

此式同前第15圖，故不再贅述。

如第111圖。

第六式

此式同前第16圖，故不再贅述。

如第112圖。

第七式

此式同前第17圖，故不再贅述。

第 111 圖

第 112 圖

第 113 圖

如第113圖。

第八式

此式同前第18圖，故不再贅述。

如第114圖。

第九式

此式同前第19圖，故不再贅述。

如第115圖。

第十式

此式同前第20圖，故不再贅述。

如第116圖。

26. 單鞭

第一式

此式同前第21圖，故不再贅述。

如第117圖。

第 114 圖

第 115 圖

第 116 圖

第 117 圖

第二式

此式同前第22圖，故不再贅述。如第118圖。

27. 雲 手

第一式

由上式單鞭之後，右手吊起，鬆開變為掌，手心向上；右腿隨腰橫進半步屈膝，同時，右手亦隨腰往下往左圓轉，轉至左肩前，手心轉向內，左手不動，目仍視左手。如119圖。

第二式

承接上式不停，下部兩足不動，上部右手隨腰轉向右方，肘屈而立，手心向內；左手亦同時隨腰由左轉向

第 118 圖

第 119 圖

右方，置於右肘下，手心向下，頭部轉向右方，目視右掌。如第120圖。

第三式

承接上式不停，右腿不動，左足向左橫邁出一步，成一弓蹬式；同時，右手心向外轉出，臂略伸；左手亦同時向內翻轉提上，手心向內，置於右臂，目視右手背處。如第121圖。

第四式

承按上式，右足不動，左腿屈膝向左弓勁，全身寄於左腿；同時，上身腰向左轉動，左手亦隨腰向左旋轉，手心向內；左手同時由上而下沉向左旋動，臂伸出，手心向外，置於

第 120 圖

第 121 圖

左肘下方，頭隨左手轉向左方，目視左手心。如第122圖。

第五式

此式承接上式不停，左足不動，右腿向左橫進半步；左手心翻轉向外伸出，右手上提置於左肩旁。如前119圖，故不再贅述。如第123圖。

第六式

承接上圖姿勢不停，上身以腰軸向右轉動；同時，兩手隨腰向右，兩臂伸出畫一圓形，轉至右前方時為止，兩手心向下，右手在前，左手在後，如提狀；右足虛左足實，全身坐於左腿，目視右。如第124圖。

第122圖

第123圖

第七式

承上式不停，上身微向左轉，全身換坐於右腿，左足跟抬起，足尖點地；右手五指併攏攝在一處，臂屈中求直，做吊手式；左手置於右胸上方，手心向外，目視吊手。如第125圖。

28. 單鞭

第一式

此式同前第21圖，故不再贅述。如第126圖。

第二式

此式同前第22圖，故不再贅述。如第127圖。

第 124 圖

第 125 圖

第 126 圖

第 127 圖

29.高探馬

第一式

由單鞭姿勢，右足不動，左足向後抽回半步，足跟抬起，足尖點地；同時，腰向後收回，隨收隨向上提，全身寄於右腿上，左臂隨身，手心轉向上直伸；右提吊手鬆開屈肘，手心轉向下，手指向前，置於右耳旁上方，目視左掌。如第128圖。

第二式

承接上式不停，左手隨腰抽回，藏於左脇下，手心朝上；右手由耳邊探出，臂半屈直，手心向下，腰隨收隨上提；右腿仍實，兩足不動，目前視。如

第129圖。

30. 右分腳

第一式

由上圖姿勢，左手心朝上由下而向左斜方伸出，手心向內；右手心朝下，同時向左收回，手心向外，兩手向對；目轉視左掌，下部不動。如第130圖。

第 128 圖

第 129 圖

第 130 圖

第二式

承接上式不停，左足微向左方橫邁半步，仍足尖點地；左右兩手隨左腿同時由左向右圓轉，右手在上，左手在下，兩手心仍相對，頭隨手轉向右，目視右手。如第131圖。

第三式

承接上式不停，右手在上，左手在下，隨腰由右往左往下圓轉；左足同時隨腰隨兩手，往左方邁一步，全身坐於右腿作弓蹬步，目視兩手。如第132圖。

第 131 圖

第 132 圖

第四式

此式同前第13圖，故不再贅述。如第133圖。

第五式

承接上圖姿勢不停，身體漸漸向上提起，左足不動，右足隨身向回抽動至左足尺許，足尖點地；兩手同時亦隨身由下而上，止胸前兩手相交，作十字形，手心向內，右手在外，目注視前方。如第134圖。

第 133 圖

第 134 圖

第六式

承接上式不停，右足抽回不動，兩手同時相交，由胸前向外翻上，至頭上仍相交，成十字形，手心轉向外；右足跟高提，足尖不動。如第135圖。

第七式

承按上式，右足提起向右方踢出，足背須平；兩手同時向兩邊分開，右手向右方，左手向左後方而臂彎，兩掌俱坐起手腕，手指向上，此時目視右手。此式須渾身鬆開，要有頂勁，不然則不穩矣。如第136圖。

第 135 圖

第 136 圖

31. 左分腳

第一式

由上式，右足踢出，至四十五度收回著地，距離左足一步，上身向左斜方轉動；同時，右手由右往左，與左手漸漸相近，左手在上右手在下，置於頭上方，兩手手心相對，目轉視左方。如第137圖。

第二式

承接上式不停，左足尖向左撇，向前弓勁，右足向前蹬勁，全身坐在左足上；兩手同時隨腰由上往左下方圓轉，左手在上，右手在下，兩手心仍相對，目視兩手之間。如第138圖。

第 137 圖

第 138 圖

第三式

繼續上式不停，兩手隨腰由左攌回往右往下圓轉，腰漸由前向後下方坐實，又換坐實右足，左腿直伸；兩手心相對漸漸向下向回轉動，目視前方。如第139圖。

第四式

右足同時隨腰兩手漸漸坐實，左足隨腰抽回半步，足跟提起，足尖點地；同時，兩手由下圓轉往上至胸前相合作十字形，手心向內，左手在外，目視左斜方。如第140圖。

第139圖

第140圖

第五式

承接上式不停，左足抽回不動，兩手相合十字形，由胸前向外翻上，至頭上方，手心轉向外，目注視左方，與右踢腳第六式同。如第141圖。

第六式

承接上式，左足提起向左方踢出，足背須平；兩手同時向兩邊分開，右手向右斜方而臂彎，左手向左方，兩掌俱坐起手腕，手指向上，目隨視左手，與右分腳第七式同。如第142圖。

第141圖

第142圖

32. 轉身蹬腳

第一式

承接上圖姿勢，將分開之兩手抱回相合仍作十字開，手心向內，右手在外；左足同時收回仍提起，足尖下垂，目仍注視左斜方。如第143圖。

第二式

承接上式不停，右足跟轉向右方，兩手分開，左手朝左方，右手朝右方；同時，左足蹬出，足心朝外，足尖向上，此式身雖不斜，而目轉視左方左手。如第144圖。

第143圖

第144圖

33. 左右摟膝拗步

左摟膝拗步第一式

此式同前第27圖，故不再贅述。

如第145圖。

左摟膝拗步第二式

此式同前第28圖，故不再贅述。

如第146圖。

右摟膝拗步第一式

此式同前第33圖，故不再贅述。

如第147圖。

右摟膝拗步第二式

此式同前第34圖，故不再贅述。

如第148圖。

第 145 圖

第 146 圖

第 147 圖

第 148 圖

右摟膝拗步第三式

此式同前第35圖，故不再贅述。

如第149圖。

右摟膝拗步第四式

此式同前第36圖，故不再贅述。

如第150圖。

第 149 圖

第 150 圖

第 151 圖

34. 進步栽錘

第一式

承接上式不停，是左摟膝拗步之姿勢，惟有右手往前時握拳，左手摟膝；左足提起向前邁，身向下沉，頭向前視，全身坐在右腿上。如第151圖。

第二式

承接上式，左足向前提起遂即邁出踏實，右手同時隨腰向前下方打出，全身略向前傾，目注視右拳。如第152圖。

第 152 圖

35.翻身白蛇吐信

第一式

此式同前第93圖，故不再贅述。

如第153圖。

第二式

此式同前第94圖，故不再贅述。

如第154圖。

第 153 圖

第154圖

第155圖

第三式

承上圖姿勢不停，將右拳由左脇下反背撇出，拳鬆開變掌，手心向上，左手不動；同時，將提起之右腿，向外隨掌蹬出，足尖向上，目視右掌。如第155圖。

第四式

承上式不停，全身隨腰向前下沉，將蹬出之右足向前踏出一步著實，向前弓勁；兩手不動隨腰向前下沉，目視右手。如第156圖。

第五式

承上式不停，右足著地，屈膝向前弓勁，全身向前進，左腿向前蹬

第 156 圖

第 157 圖

勁；右掌收回右脇旁，掌心向上；左掌隨身向前打出，掌心向外，目視左掌。如第157圖。

36. 上步搬攔錘

此式同前第44圖，故不再贅述。如第158圖。

第 158 圖

37. 右蹬腳

第一式

承上圖姿勢，左足尖作軸，足跟向裏合，右足跟抬起，足尖著地，屈膝，身向左轉動；兩手相合作十字形，手心向內；全身坐在左腿，目略向前上方注視。如第159圖。

第二式

承接上式不停，下部不動，身腰向下坐，兩手心由內向外向上翻轉至頭上方，手心向外，目仍向上前視。如第160圖。

第 159 圖

第 160 圖

第三式

承接上式不停，左腿坐實，右腿提起向前蹬出，腳尖向上，腳掌朝外；左右手向前後分開，惟右掌同時隨右腿劈出，手心向左，目視右手。如第161圖。

38. 左右披身伏虎

左披身伏虎第一式

由上圖姿勢，右足蹬出遂即將右足收回向後退半步，落在左足之後方，足尖著地，左右腿屈膝動，腰往下沉；左右兩掌握拳，隨腰下沉，目向前視。如第162圖。

第161圖

第162圖

左披身伏虎第二式

承接上式，右足著實，身略向上提，左右手一齊向左方轉動，同時隨身往下往左圓轉，兩手相對，右拳在前，左拳在後，兩臂伸出，目視右手。如第163圖。

左披身伏虎第三式

承接上式不停，右足不動，左足由前向後撤一步蹬直，右腿向前屈膝弓勁坐實，腰亦隨之下坐；兩拳隨腰，往下往左沉下，兩拳姿勢不動。如第164圖。

第 163 圖

第 164 圖

左披身伏虎第四式

承接上式，兩拳同時隨步隨腰，往下往左圓轉；左腿弓勁坐實，右腿直伸，腰向後坐，目仍右視。如第165圖。

左披身伏虎第五式

承接上式，左腿坐實，左拳同時往下往左圓轉而上，左拳在額之上方，手心向外；右拳同時由丹田而上至胸際，手心向內，右拳在左胸之下方，上下相對，目轉視向右前方。如第166圖。

右披身伏虎第一式

此式承接上圖姿勢，左右足不

第 166 圖

第 165 圖

動，兩手仍握拳，隨腰右轉；左腿直伸，右腿屈膝坐實；右拳隨腰翻出，手心向內，左拳不動，目隨上視。如第167圖。

右披身伏虎第二式

承上圖姿勢，左拳在前由上往左圓轉而下，右拳在後同時隨左拳一致轉動；身上部轉向左方，左腿變坐實，屈膝弓勁，右腿蹬直，頭亦隨拳轉動，目視左拳。如第168圖。

右披身伏虎第三式

承接上式不停，腰往回坐，兩拳隨腰一致往下圓轉；漸又變左腿直伸，右腿屈膝坐實，目視左方。如第

第 167 圖

第 168 圖

169圖。

右披身伏虎第四式

承接上式，右腿坐實，右掌同時往下往右圓轉而上，右拳在額之上方，手心向外；左拳同時由丹田而上至右胸之下方，手心向內，上下相對，目轉視左前斜方。如第170圖與166圖姿勢同，不過即左右別之。

39.回身蹬腳

第一式

身體上部向左轉動，右拳不動，左拳隨腰由下往左圓轉而上至左額上方，手心向外，兩臂遙遙相抱，目隨之左視；左足尖向左轉動，全身坐左

第 169 圖

第 170 圖

腿，右腿直伸。如第171圖。

第二式

承接上圖姿勢，左足尖外撇，身亦隨之，兩手相合，拳須變掌，作十字形，手心向內；左腿坐實，目視右方。如第172圖。

第三式

承接上式，左足不動，右足提向左足側方，足尖點地，屈膝；兩手上提至面前，目仍視右方。如第173圖。

第四式

承接上式不停，左腿坐實，右腿蹬出；兩手分開，手心向外，與翻身蹬腳相同。如第174圖。

第171圖

第172圖

第 173 圖

第 174 圖

40. 雙風貫耳

第一式

由上圖姿勢，右足蹬出後，旋收回，仍提起，足尖下垂，左足向右轉；兩手相合，手心轉向內，合至右膝處，目前視。如第175圖。

第二式

承接上圖姿勢，將提起之右腿向前邁出一步，屈膝弓勁，兩手同時復往下兩邊分開，手心漸轉，向上向外向前，相對圓轉而至前面，兩手握拳相對，拳心向外，手背相對。如第176圖。

第 176 圖

第 175 圖

第 177 圖

41. 左蹬腳

第一式

由上圖姿勢，兩足不動，腰往後坐，右腿伸直，左腿屈膝坐實；同時兩拳鬆開，往兩邊分開，手指向上，手心向外，目視前方。如第177圖。

第二式

此式同前第140圖，故不再贅述。如第178圖。

第三式

此式同前第141圖，故不再贅述。如第179圖。

第四式

此式同前第142圖，故不再贅述。如第180圖。

42. 轉身蹬腳

第一式

由上圖姿勢，左腿蹬出後，收回仍提起，不落下，右足跟作軸，全身隨右足跟向右後方轉一圓周，左足落

第178圖

第179圖

第 181 圖

第 180 圖

地，全身坐在左腿，右足尖點地；兩手復相合作十字形，手心向內，目視右方。如第181圖。

第二式

此式同前第174圖，故不再贅述。如第182圖。

第 182 圖

43. 上步搬攔錘

第一式

由上式，右足蹬出後，仍收回，足尖下垂，落下，足尖向右，坐實右腿；左手搬攔，右手打掌，拳心向上，目視右拳。如第183圖。

第二式

此式同前第43圖，故不再贅述。如第184圖。

第三式

此式同前第44圖，故不再贅述。如第185圖。

第 183 圖

第 184 圖

44. 如封似閉

第一式

此式同前第45圖，故不再贅述。

如第186圖。

第二式

此式同前第46圖，故不再贅述。

如第187圖。

第185圖

第186圖

第187圖

第三式

此式同前第47圖，故不再贅述。

如第188圖。

45. 十字手

第一式

此式同前第45圖，故不再贅述。

如第189圖。

第二式

此式同前第49圖，故不再贅述。

如第190圖。

第三式

此式同前第50圖，故不再贅述。

如第191圖。

第188圖

第189圖

第 190 圖

第 191 圖

第四式

此式同前第51圖，故不再贅述。

如第192圖。

第 192 圖

46. 抱虎歸山

第一式

此式同前第52圖，故不再贅述。

如第193圖。

第二式

此式同前第53圖，故不再贅述。

如第194圖。

47. 攬雀尾

第一式

此式同前第41圖，故不再贅述。

如第195圖。

第二式

此式同前第12圖，故不再贅述。

第193圖

第194圖

第 195 圖

第 196 圖

如第196圖。

第三式

此式同前第13圖，故不再贅述。

如第197圖。

第 197 圖

第四式

此式同前第14圖，故不再贅述。

如第198圖。

第五式

此式同前第15圖，故不再贅述。

如第199圖。

第六式

此式同前第16圖，故不再贅述。

如第200圖。

第七式

此式同前第17圖，故不再贅述。

如第201圖。

第198圖

第199圖

第 200 圖

第 201 圖

第八式

此式同前第18圖，故不再贅述。

如第202圖。

第 202 圖

第九式

此式同前第19圖，故不再贅述。如第203圖。

第十式

此式同前第20圖，故不再贅述。如第204圖。

47. 斜單鞭

第一式

此式同前第21圖，故不再贅述。如第205圖。

第二式

承接上圖姿勢不停，將提起之左腿向左橫邁出一步，左膝向前弓勁，右腿蹬直；同時，左手隨腿向左方打

第203圖

第204圖

出，手心向外，右手姿勢不動，目視左手。如第206圖。

48. 野馬分鬃

右式第一式

由上圖姿勢，右手隨腰往左，與左手合，右手在下，手心向上，左手在上，手心向下；全身坐在左腿上，右腿蹬直，目視右前方。如第207圖。

第 205 圖

第 206 圖

第 207 圖

右式第二式

承接上式不停，上部姿勢不動，將右腿向前提起至左足脛骨旁，足尖下垂，屈膝，左足不動，身亦隨之前提。如第208圖。

右式第三式

承接上式不停，遂即將提起之右腿向右前斜方邁出，足跟著地，腿直伸，上部姿勢不動，腰隨下沉。如第209圖。

第208圖

第209圖

右式第四式

承上式不停，邁出之右腿著實向前屈膝弓勁，左腿蹬直；右手隨右足亦往右前斜方分開在上，手背向外；左手同時往左下方分開在下，手心向下外方，目視左手。如第210圖。

左式第五式

承上圖右式換左式之姿勢，左手隨腰往右，與右手相合，左手在下，右手在上，左手心翻轉向上，右手心翻轉向下，兩手心相對，目轉視左方。如第211圖。

第 210 圖

第 211 圖

左式第六式

承接上式，上部兩手姿勢不動，下部右腿不動，將左腿提起，足掌向外，足尖翹起。如第212圖。

左式第七式

承上式不停，將提起之左腿向左前斜方踏出一步著實，屈膝弓勁，右腿蹬直；左手隨右足亦往左前斜方分開在上，手心向內；右手同時向右下方分開在下，手心向下，目視右手。如第213圖。

野馬分鬃右式第一式

此式同前第207圖，故不再贅述。如第214圖。

第212圖

第213圖

野馬分鬃右式第二式

此式同前第208圖，故不再贅述。

如第215圖。

野馬分鬃右式第三式

此式同前第209圖，故不再贅述。

如第216圖。

第 214 圖

第 215 圖

第 216 圖

野馬分鬃右式第四式

此式同前第210圖，故不再贅述。如第217圖。

野馬分鬃左式第一式

此式同前第211圖，故不再贅述。如第218圖。

野馬分鬃左式第二式

此式同前第212圖，故不再贅述。如第219圖。

野馬分鬃左式第三式

由上圖姿勢，將提起之左腿向前邁出一步著實，屈膝向前弓勁，右腿不動向後蹬直；兩手相對同時隨腰向前擠出，右手置左手脈門處，右手微

第 217 圖

第 218 圖

低，目視左手。如第220圖。

右斜飛式第一式

此式同前第7圖，故不再贅述。如第221圖。

第 219 圖

第 220 圖

第 221 圖

右斜飛式第二式

此式同前第8圖，故不再贅述。

如第222圖。

右斜飛式第三式

此式同前第9圖，故不再贅述。

如第223圖。

右斜飛式第四式

此式同前第10圖，故不再贅述。

如第224圖。

49.上步攬雀尾

第一式

此式同前第11圖，故不再贅述。

如第225圖。

第 222 圖

第 223 圖

第 224 圖

第 225 圖

第二式

此式同前第12圖，故不再贅述。如第226圖。

第 226 圖

第三式

此式同前第13圖，故不再贅述。

如第227圖。

第四式

此式同前第40圖，故不再贅述。

如第228圖。

第五式

此式同前第15圖，故不再贅述。

如第229圖。

第六式

此式同前第16圖，故不再贅述。

如第230圖。

第227圖

第228圖

第 229 圖

第 230 圖

第七式

此式同前第17圖，故不再贅述。如第231圖。

第 231 圖

第八式

此式同前第18圖，故不再贅述。

如第232圖。

第九式

此式同前第19圖，故不再贅述。

如第233圖。

第十式

此式同前第20圖，故不再贅述。

如第234圖。

50. 單鞭

第一式

此式同前第21圖，故不再贅述。

如第235圖。

第232圖

第233圖

第 234 圖

第 235 圖

第二式

此式同前第22圖，故不再贅述。如第236圖。

第 236 圖

51. 玉女穿梭

第一式

由單鞭式，左足跟轉向外撇動，腰隨腿後坐，右足收回，橫落在左足前，足尖向右；左手隨腰收回轉出右脇外，按出右手變掌亦隨腰往右旋轉至右額旁，手心向外，目視右前斜方。如第237圖。

第二式

承上式不停，左手轉向頭上方，手心向上；右手貼身下沉轉至左胸前，手心向外；同時右腿不動，將左腿提起，屈膝，足尖翹起，掌心向外。如第238圖。

第 237 圖

第 238 圖

第三式

承接上式不停，將提起之左腿向前方邁出踏實，右手隨腰隨步按出，全身坐在左腿上，左手心向上翻不動，目視右手。如第239圖。

第四式

承接上圖姿勢，左足尖向內轉，將左腿蹬直，右腿屈膝，上身隨腿隨腰向右轉動，全身坐在右腿上；兩手同時隨身一致向右旋轉，左手由上向下向右轉動，手心轉向上，右手隨腰收回，手收轉向上，同時相合成十字形，目視左方。如第240圖。

第239圖

第240圖

第五式

由上圖姿勢，腰遂即向後坐，左足不動，落在左腿上，頭轉正；右手提至額角旁，手心向外，左手心翻出向外未按出；右腿同時一致提起，足掌向外，足尖翹起，目正視。如第241圖。

第六式

承接上式不停，將提起之右腿向右方邁出，坐實屈膝弓勁；右手心向上，挨著左臂向上捧，隨捧手心隨轉向外，而至額上，左手由右手之下隨腰隨步向前按出。此式全身坐在右腿，目視左手。如第242圖。

第241圖

第242圖

第七式

此式同前第212圖，故不再贅述。

如第243圖。

第八式

此式同前第220圖，故不再贅述。

如第244圖。

右斜飛式第一式

此式同前第7圖，故不再贅述。

如第245圖。

第243圖

第244圖

第245圖

第二式

此式同前第8圖，故不再贅述。

如第246圖。

第三式

此式同前第9圖，故不再贅述。

如第247圖。

第四式

此式同前第10圖，故不再贅述。

如第248圖。

52. 上步攬雀尾

第一式

此式同前第11圖，故不再贅述。

第 246 圖

第 247 圖

第 248 圖

第 249 圖

如第249圖。

第二式

此式同前第12圖，故不再贅述。

如第250圖。

第三式

此式同前第13圖，故不再贅述。

如第251圖。

第 250 圖

第251圖

第252圖

第四式

此式同前第14圖，故不再贅述。

如第252圖。

第五式

此式同前第15圖，故不再贅述。

如第253圖。

第六式

此式同前第16圖，故不再贅述。

如第254圖。

第七式

此式同前第17圖，故不再贅述。

如第255圖。

第八式

此式同前第18圖，故不再贅述。

如第256圖。

第 253 圖

第 254 圖

第 255 圖

第 256 圖

第九式

此式同前第19圖，故不再贅述。

如第257圖。

第十式

此式同前第20圖，故不再贅述。

如第258圖。

53. 單 鞭

第一式

此式同前第21圖，故不再贅述。

如第259圖。

第二式

此式同前第22圖，故不再贅述。

如第260圖。

第257圖

第258圖

第 259 圖

第 260 圖

54. 雲 手

第一式

此式同前第120圖，故不再贅述。

如第261圖。

第二式

此式同前第121圖，故不再贅述。

如第262圖。

第 261 圖

第262圖

第263圖

第三式

此式同前第122圖，故不再贅述。如第263圖。

第四式

此式同前第123圖，故不再贅述。如第264圖。

第五式

此式同前第120圖，故不再贅述。如第265圖。

第六式

此式同前第121圖，故不再贅述。如第266圖。

第七式

此式同前第125圖，故不再贅述。如第267圖。

第 264 圖

第 265 圖

第 266 圖

第 267 圖

第八式

此式同前第126圖，故不再贅述。如第268圖。

單鞭第一式

此式同前第21圖，故不再贅述。如第269圖。

第二式

此式同前第22圖，故不再贅述。如第270圖。

55. 單鞭下勢

第一式

由上圖單鞭式，左手按出後，上部姿勢不動，左腿坐實，右腿屈膝，足尖向下，全身向前俯去。如第271圖。

第268圖

第269圖

第 270 圖

第 271 圖

第二式

承接上式不停，提起之右足向後踏出一步屈膝，左腿伸直；右手不動，左手隨腰由前收回轉而向下。如第272圖。

第 272 圖

第三式

承上式不停，身隨腰收回，往下屈在右腿上，愈低愈好，低至左腿伸直，身不可太俯，頭仍要有勁；左手隨腰轉而向下，至左足腕處，右手仍為吊手，目前視。如第273圖。

56.金雞獨立

第一式

由上圖姿勢，全身坐在右腿，遂即腰向前進，隨進隨提，使全身坐在左腿；左手隨身向前至與肩齊，手掌直立，手心向右；同時右手鬆開變掌，隨腰伸臂下沉漸向前轉動，至左腿膝右方，目視左手。如第274圖。

第 273 圖

第 274 圖

第 275 圖

第二式

承上式不停，左手與肩齊處而往下按，右手隨右腿往前提起；右腿提至膝與腹平，足尖下垂；右手提至肘與膝相合，手掌直立，手心向左，與右眉齊。如第275圖。

第三式

由上圖姿勢變左式，右足旋向後退半步，使全身坐在右腿；左手隨左足上提，左膝與腹平，足尖下垂；左臂略伸，左肘與左膝合，手心向右；右手同時而往下旋轉平圓周，臂向後伸，手心向前，目前視。如第276圖。

57.倒攆猴

第276圖

第一式

此式同前第67圖，故不再贅述。

如第277圖。

第二式

此式同前第68圖，故不再贅述。

如第278圖。

第277圖

第278圖

第三式

此式同前第69圖，故不再贅述。如第279圖。

第四式（右式）

此式同前第70圖，故不再贅述。如第280圖。

第五式

此式同前第71圖，故不再贅述。如第281圖。

第 279 圖

第 280 圖

第 281 圖

第六式

此式同前第72圖，故不再贅述。

如第282圖。

第七式

此式同前第73圖，故不再贅述。

如第283圖。

倒攆猴第一式

此式同前第67圖，故不再贅述。

如第284圖。

第 282 圖

第 283 圖

第 284 圖

第二式

此式同前第68圖，故不再贅述。如第285圖。

第三式

此式同前第69圖，故不再贅述。如第286圖。

58. 斜飛式

第一式

此式同前第77圖，故不再贅述。如第287圖。

第二式

此式同前第78圖故不再贅述。如第288圖。

第 285 圖

第 286 圖

第287圖

第288圖

第三式

此式同前第9圖，故不再贅述。

如第289圖。

第四式

此式同前第10圖，故不再贅述。

如第290圖。

59. 提手上式

第一式

此式同前第23圖，故不再贅述。

如第291圖。

第二式

此式同前第24圖，故不再贅述。

如第292圖。

第 289 圖

第 290 圖

第 291 圖

第 292 圖

第三式

此式同前第25圖，故不再贅述。

如第293圖。

61. 摟膝拗步

第一式

此式同前第26圖，故不再贅述。

如第294圖。

第二式

此式同前第27圖，故不再贅述。

如第295圖。

第三式

此式同前第28圖，故不再贅述。

如第296圖。

第 293 圖

第 294 圖

第 295 圖

第 296 圖

62. 海底針

第一式

此式同前第87圖，故不再贅述。

如第297圖。

第二式

此式同前第89圖，故不再贅述。

如第298圖。

第 297 圖

63. 扇通臂

第一式

此式同前第90圖，故不再贅述。

如第299圖。

第二式

此式同前第91圖，故不再贅述。

如第300圖。

第 298 圖

第 299 圖

第 300 圖

第三式

此式同前第92圖，故不再贅述。

如第301圖。

64. 撇身錘

第一式

此式同前第93圖，故不再贅述。

如第302圖。

第二式

此式同前第94圖，故不再贅述。

如第303圖。

第三式

此式同前第95圖，故不再贅述。

如第304圖。

第 301 圖

第 302 圖

第303圖

第304圖

第四式

此式同前第96圖，故不再贅述。

如第305圖。

第五式

此式同前第97圖，故不再贅述。

如第306圖。

65.上步搬攔錘

第一式

此式同前第98圖，故不再贅述。

如第307圖。

第二式

此式同前第99圖，故不再贅述。

如第308圖。

第 305 圖

第 306 圖

第 307 圖

第 308 圖

第三式

此式同前第100圖，故不再贅述。如第309圖。

第四式

此式同前第42圖，故不再贅述。如第310圖。

第五式

此式同前第43圖，故不再贅述。如第311圖。

第六式

此式同前第44圖故不再贅述。如第312圖。

第309圖

第310圖

第 311 圖

第 312 圖

第 313 圖

右斜飛式第一式

此式同前第7圖，故不再贅述。如第313圖。

第二式

此式同前第8圖，故不再贅述。

如第314圖。

第三式

此式同前第9圖，故不再贅述。

如第315圖。

第四式

此式同前第10圖，故不再贅述。

如第316圖。

66.進步攬雀尾

第一式

此式同前第11圖，故不再贅述。

如第317圖。

第314圖

第315圖

第 316 圖

第 317 圖

第二式

此式同前第12圖，故不再贅述。如第318圖。

第 318 圖

第三式

此式同前第13圖，故不再贅述。

如第319圖。

第四式

此式同前第14圖，故不再贅述。

如第320圖。

第五式

此式同前第15圖，故不再贅述。

如第321圖。

第六式

此式同前第16圖，故不再贅述。

如第322圖。

第 319 圖

第 320 圖

第 321 圖

第 322 圖

第七式

此式同前第17圖，故不再贅述。如第323圖。

第 323 圖

第八式

此式同前第18圖，故不再贅述。

如第324圖。

第九式

此式同前第19圖，故不再贅述。

如第325圖。

第十式

此式同前第20圖，故不再贅述。

如第326圖。

67. 單鞭

第一式

此式同前第21圖，故不再贅述。

如第327圖。

第324圖

第325圖

第二式

此式同前第22圖，故不再贅述。如第328圖。

第 326 圖

第 327 圖

第 328 圖

68. 雲 手

第一式

此式同前第119圖，故不再贅述。

如第329圖。

第二式

此式同前第120圖，故不再贅述。

如第330圖。

第三式

此式同前第121圖，故不再贅述。

如第331圖。

第四式

此式同前第122圖，故不再贅述。

如第332圖。

第 329 圖

第 330 圖

第 331 圖

第 332 圖

第五式

此式同前第123圖，故不再贅述。

如第333圖。

第 333 圖

第六式

此式同前第124圖，故不再贅述。

如第334圖。

69. 單鞭

第一式

此式同前第11圖，故不再贅述。

如第335圖。

第二式

此式同前第22圖，故不再贅述。

如第336圖。

70. 高探馬

第一式

此式同前第128圖，故不再贅述。

第 334 圖

第 335 圖

第 336 圖

如第337圖。

第二式

此式同前第129圖，故不再贅述。

如第338圖。

第 337 圖

第 338 圖

71. 十字腿

第一式

由上圖姿勢，右腿方向不動，速將左腿提起屈膝，足尖向前；右臂屈回，手心向下；左手掌直伸，由右手腕上穿出，手心向上，含胸目視前方。如第339圖。

第二式

承接上式不停，將提起之左腿向前邁出一步踏實，成一弓蹬步；左手隨之亦向前穿出直伸，右手在左脇，手心向下，目視左手。如第340圖。

第339圖

第340圖

第三式

由上式，身向右旋轉回身，兩足跟做軸，兩足尖一致向右撇，右足收回半步，足尖點地，坐實左腿；同時，兩手亦隨之轉動，右手由下向上旋轉高提，手心向外；左臂屈回，手心向外按在右手下方，成一橢圓形，目視右手。如第341圖。

第四式

承上式不停，兩手分開，右手向後，左手向前；同時，將右腿蹬出伸直，足掌向外，坐帝左腿，身向右轉；兩臂與右腿成一平行線，兩手心皆向外，目視左手。如第342圖。

第342圖

第341圖

72. 摟膝指襠錘

第一式

此式同前第36圖，故不再贅述。如第343圖。

第二式

此式同前第151圖，故不再贅述。如第344圖。

第三式

承上式，左足向前邁出，左手摟膝，右拳同時隨腰向前向下打出；坐實左腿，右腿蹬勁，目視右拳。較152圖右拳略高，如第345圖。

第343圖

第344圖

左斜飛式第一式

此式同前第7圖，故不再贅述。

如第346圖。

第二式

此式同前第8圖，故不再贅述。

如第347圖。

第 345 圖

第 346 圖

第 347 圖

第三式

此式同前第9圖，故不再贅述。

如第348圖。

第四式

此式同前第10圖，故不再贅述。

如第349圖。

73. 攬雀尾

第一式

此式同前第11圖，故不再贅述。

如第350圖。

第二式

此式同前第12圖，故不再贅述。

如第351圖。

第 348 圖

第 349 圖

第 351 圖

第 350 圖

第 352 圖

第三式

此式同前第13圖，故不再贅述。

如第352圖。

第四式

此式同前第14圖，故不再贅述。

如第353圖。

第 353 圖

第 354 圖

第五式

此式同前第15圖，故不再贅述。

如第354圖。

第六式

此式同前第16圖，故不再贅述。

如第355圖。

第七式

此式同前第17圖，故不再贅述。

如第356圖。

第八式

此式同前第18圖，故不再贅述。

如第357圖。

第九式

此式同前第19圖，故不再贅述。

如第358圖。

第 355 圖

第 356 圖

第 357 圖

第 358 圖

第十式

此式同前第20圖，故不再贅述。

如第359圖。

單鞭第一式

此式同前第21圖，故不再贅述。

如第360圖。

第二式

此式同前第22圖，故不再贅述。

如第361圖。

74. 單鞭下勢

第一式

此式同前第271圖，故不再贅述。

如第362圖。

第359圖

第360圖

第二式

此式同前第272圖，故不再贅述。

如第363圖。

第 361 圖

第 362 圖

第 363 圖

第三式

此式同前第273圖，故不再贅述。如第364圖。

75. 上步七星撩陰腳

第一式

此式同前第274圖，故不再贅述。如第365圖。

第 364 圖

第 365 圖

第二式

承接上式，腰身前進，坐實左腿；兩手隨腰往前，右手握拳與左手相交作七星勢之形；右足隨向前邁，足尖點地，目視兩手。如第366圖。

76. 退步跨虎

第一式

由上圖姿勢，右足復向後退一步坐實，左腿遂即伸直，兩手隨之而分開，腰向後坐，兩手心向內，如捧一物，目視前方。如第367圖。

第 366 圖

第 367 圖

第二式

承接上式不停，兩手由下旋轉翻上，右手略高，手心向外，左手略低，手心向左；左足即隨之退回半步，足尖點地，目視前方。如第368圖。

77. 轉身擺蓮

第一式

此式同前第182圖，故不再贅述。如第369圖。

第二式

承接上圖姿勢，將右足提起，由左擺右前方；兩手並擺一平，稍拍足背；右腿蹬直，目視右方，皆坐實一

第368圖

第369圖

左腿上。如第370圖。

78. 彎弓射虎

第一式

由上圖姿勢，兩手將右足背拍後，將右腿向右前方落實稍屈膝，兩手隨腰隨右足向右向下圓轉，手心向下，目視左方。如第371圖。

第二式

承上式不停，兩手又由下而上圓轉，遂即握拳，右拳在額上，拳心向外，左拳向左前直伸出，拳心向下，作射虎勢；右腿弓勁，左腿蹬直，目視左拳。如第372圖。

第370圖

第371圖

第 372 圖

第 373 圖

79. 上步搬攔錘

第一式

此式同前第41圖，故不再贅述。

如第373圖。

第二式

此式同前第42圖，故不再贅述。

如第374圖。

第三式

此式同前第43圖，故不再贅述。

如第375圖。

第四式

此式同前第44圖，故不再贅述。

如第376圖。

第374圖

第375圖

第376圖

80.如封似閉

第一式

此式同前第45圖，故不再贅述。如第377圖。

第二式

此式同前第46圖，故不再贅述。如第378圖。

第377圖

第378圖

第三式

此式同前第47圖，故不再贅述。

如第379圖。

81. 十字手

第一式

此式同前第45圖，故不再贅述。

如第380圖。

第二式

此式同前第49圖，故不再贅述。

如第381圖。

第三式

此式同前第50圖，故不再贅述。

如第382圖。

第 379 圖

第 380 圖

第 381 圖

第 382 圖

第四式

此式同前第51圖，故不再贅述。

如第383圖。

82. 合太極

此式同前第3圖，故不再贅述。

如第384圖。

以上所列各式，學者循序漸進，每日學之，至多不能過二三式，務求規矩悉合，不可貪多。初學之時，每式不能不斷，至學完後，漸求聯合一氣。所列注意十事，均須刻刻體驗，習之一二年，先天之力化盡，後天自然之內勁漸長，原譜所謂以心行氣，務令沉著，乃能收斂入骨，以神斂氣沉為主，久之練氣入骨，則渾圓綿柔沉重堅剛，兼而有之。

第383圖

第384圖

推手

推手者，所以求其用也。他種拳術、雖亦有二人對手者，然不過十餘式，再多不過數十式耳；而來者其法不一，何能執定法以應之哉？太極推手，則有掤攦擠按採挒肘靠八字，此八字所以練其身之圓活。二人黏連粘隨，周而復始，如渾天之球，斡旋不已，而經緯弧直之度，莫不全備。將此一身，練為渾圓之一體，隨屈就伸，無不合宜，則物來順應，變化而無窮矣。此所謂萬法歸一，得其一而萬事成矣。

合步推手

甲乙二人對立，甲右足在前，左足在後，乙右足在前，左足在後，此為合步推手。

甲左足，乙右足，要平行相對，甲右足，乙左足，其距離寬窄，則各人長短不同，未能拘定，總以身體前進後退，得機得勢，毫不覺費力為度。甲乙各出右手，以手腕背相黏，此謂之掤，如推手第1圖（先出左手亦然）。

甲右手隨腰往回收，以左手腕黏於乙右手之肘處亦同時往回攌，此謂之攌，如推手第2圖之甲。

乙被甲攌，則身傾於左方，似不得力，而乙方右手，隨甲攌之方向送去，以左手掌補於右肘彎處向前擠去，此

圖 1

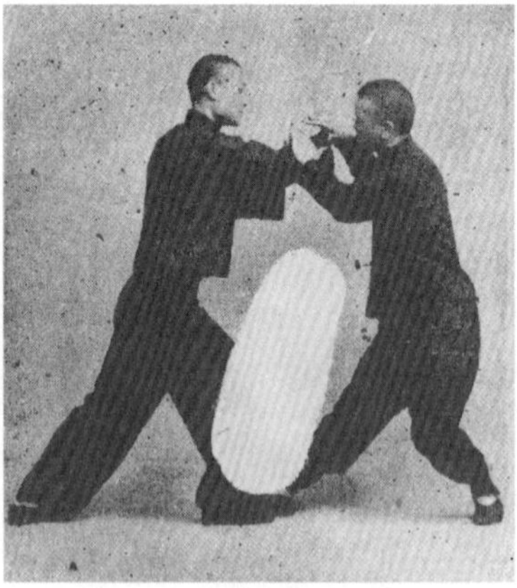

圖 2

謂之擠，如第2圖之乙。

甲被乙擠，似不得力，即含胸，以左手心黏乙左手背，往左化去，則乙擠不到身上矣。如第3圖之甲。

甲之右手同時按乙右肘處，兩手同時向前按去，此謂之按。如第4圖之甲。

乙又被甲按，似不得力，則仍以右手隨腰往後收回，以左腕黏甲右肘往回攌，如第4圖之乙，乙攌甲擠，5圖未插，如第6圖。○擠○掤，○按○又攌，如第7圖，周而復始，循環無端。

掤攌擠按掤字在前，如元亨利貞之

圖3

圖4

圖6

圖7

元，仁義禮智之仁，蓋兼乎三德也。蓋擠時須掤。按時握時亦須掤。掤者如手捧物之意。如擠按握時不能掤，則彼力近我身矣。掤者使兩手臂如圓體之面，使彼力在圓球上面，圓球一動則其力化去，若不掤則彼力到圓球之心矣。或謂化敵擠時兩手起，之掤亦通。掤握擠按，二人循環為之。按時擠時坐前腿，不可太過膝；掤時握時坐後腿，腰如車輪上下相隨。原論曰：掤握擠按須認真，上下相隨人難進，任他巨力來打我，牽動四兩撥千斤也。

換步

換步者，甲坐左腿進右步，乙坐右腿退左步，是之謂換步，反之，乙進左步，甲退右步亦可。

換手

換手者，甲被攌乙時，不補擠而攌回，乙即補擠手即換手也。

順步推手

順步推手者，甲左足在前，右足在後，乙右足在前，左足在後，謂之順步推手，均如合步推手相同，不必重述。

活步推手

活步推手者，甲乙二人對立，均左足在前，右手相粘，甲攌乙，右步略騰起落下，左步退於右步之後，右步復退於左步之後。乙擠甲，左步略騰起落下，右步進於左步之前，左步復進於右步之前。甲掤乙按乙攌乙，左步略騰起落下，右步進於左步之前，左步復進於右步之前。乙掤甲攌甲，右步略騰起落下，左步退於右步之後，右步復進於左步之後。乙又掤甲按甲擠甲，步如前甲。甲又掤乙攌乙，步如前乙，二人往來練之。二人或換步或手，均可。活步推手，難以圖形表示，其擠按均與順步推手同，惟動步耳。以上推手，無論合步順步，進退步，均須時時練習，不可間斷，久之自能懂勁，敵意從何方而來，稍觸即知矣。

大攦

大攦者，採挒肘靠四隅也，二人南北對立，甲向南，乙向北，俱左足在前，甲乙右手腕相黏，乙攦甲肘，乙右步向西南邁去，作騎馬式，右手攏甲腕，左手腕粘甲之肘，與小攦相同。甲左足向東南邁去，須與乙兩足成正三角形，右足即向乙之襠內插進，正對乙之正面，右手往前鬆勁，左手扶於右肘彎內，眼神對乙之面，右肩即靠於乙之胸前，甲即不能立住而跌出矣。

乙見甲至，即以左膊隨腰往下一沉，甲即不能靠入，以右手向甲面一閃，一閃即挒意，甲若不變，即被乙挒，或被乙膊擠出。故甲速以右腕接乙右腕，右足收至左足處，翻身，右足往東南邁去，左手攦乙之肘，形勢與乙第一次攦時相同。乙隨進左步，右步向甲襠內插進，靠入，如甲第一次靠相同。甲被乙靠，速以左手採住乙之左手背，速含

胸，左足逃出於乙右足之前，乙如不變，甲兩手即可將乙按出。乙速以左手腕黏甲左手腕，右足收至左足處，以右手攦甲左肘，左足向西北邁去。甲速進右步，與乙兩足成正三角形，左足向乙襠內插進靠之。乙見甲至，以右膊隨腰往之一沉，甲即不能靠入，以左手向甲面一閃。甲速以左手腕接乙左手腕，左足收至右足處，翻身，左足往東北邁去，右手攦乙之肘。乙隨進右步，左足向甲襠內插進靠入，此四隅俱全。若隨攦，或逃腿，或單手閃，均可隨意。如大攦四圖，第1圖甲攦乙靠，第2圖甲靠乙挒，第3圖乙靠甲單手採逃腿，第4圖甲靠乙逃，腿雙手按，略備形式。甲乙轉換，或以乙為甲，以甲為乙均可。其應用之規矩，雖詳細說明，而其巧妙，仍非口傳心授不可。

圖 1

圖 2

圖 3

圖 4

國家圖書館出版品預行編目資料

太極拳全書 ／ 于化行　著
——初版，——臺北市，大展，2009〔民98.11〕
面；21公分 ——（老拳譜新編；2）
ISBN　978-957-468-713-8（平裝）
1.太極拳
528.972　　98016354

太極拳全書　ISBN 978-957-468-713-8

著　者／于化行
校點者／常學剛
發行人／蔡森明
出版者／大展出版社有限公司
社　址／台北市北投區（石牌）致遠一路2段12巷1號
電　話／（02）28236031 · 28236033 · 28233123
傳　眞／（02）28272069
郵政劃撥／01669551
網　址／www.dah-jaan.com.tw
E-mail／service@dah-jaan.com.tw
登記證／局版臺業字第2171號
承印者／傳興印刷有限公司
裝　訂／建鑫裝訂有限公司
排版者／弘益電腦排版有限公司
授權者／山西科學技術出版社
初版1刷／2009年（民98年）11月

定　價／280元

大展好書　好書大展
品嘗好書　冠群可期

大展好書　好書大展
品嘗好書　冠群可期